菊润　段兴恩 编著

龙陵紫皮石斛

滇西龙陵是宝地
绿水青山多珍奇
天然药厂名声远
紫皮石斛数第一

四川科学技术出版社
·成都·

图书在版编目（CIP）数据

龙陵紫皮石斛 / 赵菊润，段兴恩编著. -- 成都：
四川科学技术出版社，2016.12
ISBN 978-7-5364-8523-5

Ⅰ.①龙… Ⅱ.①赵… ②段… Ⅲ.①石斛 - 产业发
展 - 研究 - 龙陵县 Ⅳ.①F326.12

中国版本图书馆CIP数据核字(2016)第287795号

龙陵紫皮石斛

出 品 人	钱丹凝
编 著	赵菊润 段兴恩
责任编辑	李迎军
封面设计	殷 霖
版面设计	殷 霖
责任出版	欧晓春
出版发行	四川科学技术出版社
	成都市槐树街2号 邮政编码 610031
	官方微博：http://e.weibo.com/sckjcbs
	官方微信公众号：sckjcbs
	传真：028-87734039
成品尺寸	210mm×285mm
	印张13.25 字数300千
印 刷	昆明精妙印务有限公司
版 次	2016年12月第一版
印 次	2016年12月第一次印刷
定 价	158.00元

ISBN 978-7-5364-8523-5

《龙陵紫皮石斛》编纂人员

顾　问　杨明志　魏　刚　顺庆生　杨　魁

编　著　赵菊润　龙陵县石斛研究所
　　　　段兴恩　龙陵县富民石斛专业合作社

编　辑　赵菊润　段兴恩　李安成　廖勤昌　郑尚强　张志恒
　　　　刘　勇　谢江勇　寸德仓　杨永家　沈定才　王国俊
　　　　李能波　周　莹　陈赛昌　沈富广　朱国超　左大磊
　　　　李丽梅　尹卓平　代家荣　徐　亮　杨恩灿　段　旭

封面题字　顺庆生

摄　影　侯云鹏　郁云江　尹　磊　孙家贵　匡　鹏　杨莹涛
　　　　廖勤昌　尹卓平

战略合作　中国中药协会石斛专业委员会
　　　　龙陵县石斛产业领导小组
　　　　龙陵县林业局
　　　　龙陵县石斛研究所
　　　　龙陵县市场监督管理局
　　　　龙陵县工业商务和科技信息化局
　　　　龙陵县科学技术协会
　　　　龙陵县石斛协会
　　　　龙陵县富民石斛专业合作社
　　　　云南品斛堂生物科技有限公司
　　　　龙陵县林源石斛开发有限责任公司
　　　　龙陵县龙斛生物科技有限公司
　　　　龙陵县云河石斛开发有限责任公司

序

　　石斛生长在悬崖峭壁、深山丛林，珍稀濒危，千年皇家专供。石斛作为中华九大仙草之首，尽管有2 000多年的历史记载，大众对其却知之甚少，2007年以来，本人发起召开的"中国石斛产业发展论坛"一步一个脚印走过了10届，促进和推动了中国石斛从濒危到遍及南方大部分地区人工种植，并形成特色生物产业格局。作为全国产业发展的缩影和典型代表——"中国紫皮石斛之乡"龙陵县更具有值得总结的经验，这是龙陵县干部群众齐心奋斗的结果，他们辛勤付出，成就了如今的"龙紫"品牌。

　　龙陵地处滇西，紧邻云南德宏、腾冲和缅甸，抗日战争期间，滇西抗战中最大的战役——"松山战役"就在其境内。全县以山区为主，水稻、茶叶、烤烟、甘蔗是其主要经济来源。1986年被国务院确定为国家级贫困县。2006年农民人均纯收入仅2 174元。为增加农民收入，将资源优势转化为经济优势，龙陵县委、县政府把道地药材紫皮石斛作为特色产业，并在资金、信贷、种植技术培训、质量检测、生产加工、基础设施、市场营销等方面给予政策引导和大力支持。目前，龙陵县石斛种植面积和产量已占全国的10.3%，龙陵紫皮石斛占全国紫皮石斛产量的70%以上，是全国最大的紫皮石斛人工栽培基地。农民人均纯收入增长至7 947元，高于云南省平均水平，石斛产业从业人员年均收入超过万元。

　　由于工作的原因，多年来，与龙陵县各级政府部门接触甚多，感触颇多。在不占区位优势的这个山区县，全县各级干部工作务实，敢闯敢干，敢于担当，全局观和大局意识强，历届党委、政府都对石斛产业给予持续重视，不管是县林业局、石斛研究所、石斛协会还是其他部门，只要是涉及石斛产业都是一呼百应，而且是配合默契，高效率完成相关工作，有了这样良好的氛围，才使龙陵县石斛产业的发展一年年攀升，一年年壮大，成为全国石斛产业发展的典型县。作为石斛产业主要发起人，我要对龙陵县各级干部上下一心，坚持不懈抓产业的态度和务实的作风点赞。

　　紫皮石斛学名*Dendrobium devonianum* Paxt.，中文名齿瓣石斛。因秋冬收获时除去叶鞘膜可见茎的表面多为紫色，民间习惯叫紫皮石斛。本书经反复斟酌，考虑到影响力和民间习惯叫法，最终取名《龙陵紫皮石斛》。书中收集整理了紫皮石斛的历史考证，药用、经济、养生，分析了其有效成分，总结了大量应用效果。书中还将紫皮石斛种植技术、多年来的研究成果、产业发展现状做了介绍。

　　"高黎横亘破云天，龙怒环抱润极边。上苍偏惠龙陵雨，林木葱茏蕴特产。紫皮石斛一枝秀，功效养生滋容颜。人间仙草垅上采，你我岂不度神仙。"阅读书中龙陵县李志光写的这首诗，让我们对龙陵紫皮石斛的生长环境，有了开阔意境，也有了朦胧的诗意。作为中国紫皮石斛之乡，本书还介绍了当地县委及县政府抓产业所采取的一系列措施，是全面了解我国紫皮石斛的一本具有权威性的专著。

　　认识赵菊润、段兴恩是10年前，也是因石斛论坛结缘，在数次的龙陵参观考察中，见证了他们为石斛产业的奔波，为石斛产业的倾情投入，看着他们伴随石斛产业的步步壮大而成熟，学术和事业都实现了跨越，他们是全县干部的代表。赵菊润作为石斛研究所所长，主编了《龙陵石斛》刊物，最近几年，参与顺庆生、魏刚、卢绍基等人的研究团队，编著了多部石斛书籍，在推动全县石斛产业方面做了许多基础工作，得到行业和当地政府的认可。段兴恩组织培训了上万名枫斗加工人员，每年给当地创造加工收入近4亿元，既带动了农民就业，也促进了产业发展，可谓贡献不小，龙陵县也因此成为全国枫斗加工第一县。两人合作编著《龙陵紫皮石斛》一书，既是他们多年心血付出的结果，也是全县干部共同努力创新脱贫致富之路的汇总。

两年前，在一次石斛有机栽培培训会上，段兴恩向我提出了出版该书的想法，如今想法变为现实，这既是对紫皮石斛这一优质石斛种的系统阐述，也是龙陵县石斛产业发展的历史见证。

本书的编辑还得到了86岁高龄的顺庆生教授的大力支持，顺教授多年研究的"紫皮石斛考证"，深入解读了紫皮石斛的历史应用及价值，为本书增色不少。

中国中药协会石斛专业委员会主任

2016年11月于昆明

前　言

　　龙陵位于云南西部边陲，横亘于高黎贡山南端，怒江、龙川江左右夹持奔流南下，境内青山相连、绿水环抱、雨量充沛，气候宜人……正是这诗画山水让龙陵成为石斛的"天然居室"。在这得天独厚的生长环境中，龙陵紫皮石斛聚天地之灵气，汲自然之精华，造就其无可比拟的内在品质。从依赖野生资源采摘到产业发展初具规模，从民间沿用到学者争先研究的药用石斛新资源，龙陵紫皮石斛翩翩走来……

　　回顾龙陵紫皮石斛的发展历程，可谓为乡野创新智慧、产业工作者辛勤耕耘、学者秉烛钻研、政府倾力培植的结果和见证，也正是缘于此，身为龙陵石斛人有责任和义务将这一切铭记。

　　历经民间遍访、方志文献详查、专家学者赐教、编纂人员智慧集结，《龙陵紫皮石斛》终得付梓。本书从生物学特性、品鉴、历史沿革与产业发展、栽培技术、枫斗与现代产品、质量标准体系、功效与养生、现代研究和文化9个方面进行阐述，意在将龙陵紫皮石斛全面翔实的向读者呈现，同时以期为石斛从业人员、科研工作者和养生保健爱好者提供帮助和借鉴。

　　本书系统挖掘和阐述了紫皮石斛的历史沿革，有助于加深对紫皮石斛药用历史的认知和理解；重点拍摄了紫皮枫斗的加工全过程，可用于指导紫皮枫斗的加工；总结了紫皮石斛的本地应用和验方，可供喜爱紫皮石斛的养生人群参考；突出了紫皮石斛的栽培技术，有利于广大种植户和企业参考借鉴；石斛文化在民间的传颂也为本书增添了一份风采。

　　本书编写得到杨明志主任、魏刚研究员和顺庆生教授的鼎力相助，特在此致以衷心的感谢！

　　限于编者之水平，若有疏漏和不足，敬请读者批评指正。

　　从深山仙草到被地方政府将其列为优势特色产业并进行产业化发展，龙陵紫皮石斛婀娜多姿、摇曳绽放……

编著者

2016年12月

目 录

第五章 龙陵紫皮石斛枫斗及现代产品

目　录

第九章　龙陵石斛文化

生物学特性

为了证实紫皮石斛的准确性，龙陵县石斛研究所联合我国著名石斛专家顺庆生教授团队开展了花、果的精细解剖与原植物的描述，经核对与《中国植物志》记载完全一致。同时对龙陵紫皮石斛的遗传学方面的生殖系统和受精过程，果实与种子的内核，繁殖能力及种子多少进行评估。

第一节　概　述

　　石斛是兰科（Orchidaceae）石斛属（*Dendrobium* Swartz）植物的总称，*Dendrobium* 是由希腊文dendro（树）及bios（生命）组合而来，有附生于树上之意。石斛可生长在高海拔的山地环境中，也可以生长在低海拔气雾弥漫的炎热丛林中，还可生长在矮树丛或裸露的岩石上，适应散射阳光照射和通风透气良好的环境。在原始森林中，石斛生长时间可达数十年甚至更长，几乎可长满整棵大树，其根缠布、穿插于树干老皮上下，靠半腐状态的厚树皮提供营养和水分。生长于岩石表面或石缝的，其根紧密地附着于岩石表面或嵌在狭窄石缝中。

　　全世界有石斛约1 400种，广泛分布于亚洲热带和亚热带地区至大洋洲。《中国植物志》收录国产石斛74种2变种，分为12个组，《FLORA OF CHINA》（《中国植物志》英文修订版）订正及增加新种收录共为78种，分为14个组。我国石斛属植物产秦岭以南诸省区，尤其云南南部为多。《中国植物志》收录云南产石斛57种1变种，《云南植物志》收录58种2变种，《云南野生兰花》收录《云南植物志》未收录的4种，按《FLORA OF CHINA》收录种计云南产石斛63种。

图1—1　龙陵生态环境　石斛生长的"天然居室"

　　龙陵县位于中国云南西部边陲，东经 98°25′01″～99°09′39″，北纬24°07′52″～24°51′05″。东与施甸县隔江相望，南与永德县、缅甸联邦果敢县毗邻，西与芒市、梁河县相接，北与腾冲市、隆阳区相连。国土面积 2 884 km²，国境线长 19.71 km。地处怒江、龙川江两江之间，横断山脉南延的高黎贡山山脉由北向南伸入县境，立体气候明显，海拔535～3001.5 m，年平均气温14.9 ℃，年日照时数2 071小时，无霜期300天左右，年降雨量2 100 mm，相对湿度84%，森林覆盖率67.9%，全年冬无严寒，夏无酷暑，气候宜人，四季如春，是石斛生长的"天然居室"（图1—1）。龙陵野生石斛资源丰富（图1—2）。目前境内已发现野生石斛41种，具体为：① 长苏石斛（*Dendrobium brymerianum* H.G.Reichenbach）；② 苏瓣石斛（*Dendrobium harveyanum* H.G.Reichenbach）；③ 聚石斛（*Dendrobium lindleyi* Steudel）；④ 小黄花石斛（*Dendrobium jenkinsii* Wallich ex Lindley ）；⑤ 具槽石斛（*Dendrobium sulcatum* Lindley）；⑥ 鼓槌石斛（*Dendrobium chrysotoxum* Lindley）；⑦ 密花石斛（*Dendrobium densiflorum* Wallich）；⑧ 球花石斛（*Dendrobium thyrsiflorum* H.G.Reichenbach ex Andre）；⑨ 尖刀唇石斛（*Dendrobium heterocarpum* Wallich ex Lindley）；⑩ 束花石斛（*Dendrobium chrysanthum* Wallich ex Lindley）；⑪ 串珠石斛（*Dendrobium falconeri* Hooker）；⑫ 大苞鞘石斛（*Dendrobium wardianum* Warner）；⑬ 杯鞘石斛（*Dendrobium gratiosissimum* H.G.Reichenbach）；⑭ 肿节石斛（*Dendrobium pendulum* Roxburgh）；⑮ 齿瓣石斛（*Dendrobium devonianum* Paxton）；⑯ 兜唇石斛（*Dendrobium cucullatum* R.Brown）；⑰ 报春石斛（*Dendrobium polyanthum* Wallich ex Lindley）；⑱ 晶帽石斛（*Dendrobium crystallinum* H.G.Reichenbach）；⑲ 玫瑰石斛（*Dendrobium crepidatum* Lindley & Paxton）；⑳ 喇叭唇石斛（*Dendrobium lituiflorum* Lindley）；㉑ 石斛（*Dendrobium nobile* Lindley）；㉒ 细茎石斛［*Dendrobium moniliforme* （Linnaeus） Swartz］；㉓ 广西石斛（*Dendrobium scoriarum* W.W.Smith）；㉔ 金耳石斛（*Dendrobium hookerianum* Lindley）；㉕ 线叶石斛（*Dendrobium chryseum* Rolfe）；㉖ 叠鞘石斛（*Dendrobium denneanum* Kerr）；㉗ 流苏石斛（*Dendrobium fimbriatum* Hooker）；㉘ 曲轴石斛（*Dendrobium gibsonii* Lindley ）；㉙ 短棒石斛（*Dendrobium capillipes* H.G.Reichenbach）；㉚ 疏花石斛（*Dendrobium henryi* Schlechter）；㉛ 钩状石斛（*Dendrobium aduncum* Wallich ex Lindley）；㉜ 叉唇石斛（*Dendrobium stuposum* Lindley）；㉝ 矮石斛（*Dendrobium bellatulum* Rolfe）；㉞ 毛鞘石斛（*Dendrobium christyanum* H.G.Reichenbach）；㉟ 翅梗石斛（*Dendrobium trigonopus* H.G.Reichenbach）；㊱ 长距石斛（*Dendrobium longicornu* Lindley）；㊲ 高山石斛［*Dendrobium wattii* （J.D.Hooker） H.G.Reichenbach］；㊳ 翅萼石斛（*Dendrobium cariniferum* H.G.Reichenbach）；㊴ 黑毛石斛（*Dendrobium williamsonii* J.Day & H.G.Reichenbach）；㊵ 单葶草石斛（*Dendrobium porphyrochilum* Lindley）；㊶ 梳唇石斛（*Dendrobium strongylanthum* H.G.Reichenbach）。其中龙陵紫皮石斛（齿瓣石斛龙陵居群）因分布广、药材质量好，民间应用广泛而成为龙陵石斛的代表。"宝地生仙草"，龙陵紫皮石斛为"中国松山·宝地龙陵"的瑰宝之一。

图1—2　丰富的资源

第二节　名称由来

　　齿瓣石斛最早于1840年由英国人Hook.在印度东北部采到第一份植物标本，由Paxt.订学名为*Dendrobium devonianum*，发表论文时只有文字，没有图。而Hook.于1849年发表论文时并附有图，同时Hook.同意Paxt.的观点，所以就以Paxt.为定名人而形成*Dendrobium devonianum* Paxt.这个完整的拉丁文学名，并证实齿瓣石斛的存在。齿瓣石斛于19世纪40年代由印度传入欧洲，作为观赏植物栽培，为石斛兰的一种；该植物除印度外，在越南、不丹、老挝、柬埔寨、泰国、缅甸均有分布。

图1—3　龙陵紫皮石斛　成熟茎多为紫色

　　19世纪30年代后期由我国植物学家吴钲镒、蔡希陶等专家调查研究发现了齿瓣石斛在我国广西西北部（隆林），贵州西南部（兴义、罗甸），云南东南部至西部（勐腊、勐海、河口、金平、澜沧、镇康、漾濞、盈江、龙陵），西藏东南部（墨脱）也有分布，并生于海拔1 850 m的山地密林树干上。经过核对这个物种与Paxt.所定的拉丁学名与植物形态一致，根据国际命名法将*Dendrobium devonianum* Paxt.与中文名字相对应。对齿瓣石斛进行解剖，因为花唇瓣上有复式流苏存在（如齿状），因此给予齿瓣石斛的中文名，这与国际命名法是统一的。

　　龙陵紫皮石斛系指齿瓣石斛龙陵居群。分布于龙陵县全境，秋冬收获时除去叶鞘膜可见茎的表面多为紫色，因此龙陵民间称其为"紫皮兰""紫草"（图1—3）。得益于有"石斛天然居室"之称的龙陵得天独厚自然环境条件的滋养，其品质明显优于其他产地的齿瓣石斛居群，遵循药材道地性原则，龙陵县于2008年8月申请将齿瓣石斛龙陵居群定名为"龙陵紫皮石斛"，其目的为保护地方优质特色种。

　　龙陵民间食用紫皮石斛历史悠久，称龙陵紫皮石斛为"吊兰花"（图1—4）。据《龙陵县志》记载，龙陵4 000多年前就有人类在此繁衍生息。本地民间传说自有人类活动以来人们就一直把"吊兰花"作为一种药材使用，随着人类社会的发展、实践，不断发现"吊兰花"的药用功效，并被许多家族列为常备药。在龙陵人类社会发展过程中起到治病救人的重要作用。

图1—4 吊兰花

第三节 生物学特性

学名：*Dendrobium devonianum* Paxt.

形态特征：茎下垂，稍肉质，细圆柱形，长50～70（～100）cm，粗3～5 mm，不分枝，具多数节，节间长1～5 cm，干后常淡褐色带污黑。叶纸质，二列互生于整个茎上，狭卵状披针形，长8～13 cm，宽1.2～2.5 cm，先端长渐尖，基部具抱茎的鞘；叶鞘常具紫红色斑点，干后纸质。总状花序常数个，出自于落了叶的老茎上，每个具1～2朵花；花序柄绿色，长约4 mm，基部具2～3枚干膜质的鞘；花苞片膜质，卵形，长约4 mm，先端近锐尖；花梗和子房绿色带褐色，长2～2.5 cm；花质地薄，开展，具香气；中萼片白色，上部具紫红色晕，卵状披针形，长约2.5 cm，宽9 mm，先端急尖，具5条紫色的脉；侧萼片与中萼片同色，相似而等大，但基部稍歪斜；萼囊近球形，长约4 mm；花瓣与萼片同色，卵形，长2.6 cm，宽1.3 cm，先端近急尖，基部收狭为短爪，边缘具短流苏，具3条脉，其两侧的主脉多分枝；唇瓣白色，前部紫红色，中部以下两侧具紫红色条纹，近圆形，长3 cm，基部收狭为短爪，边缘具复式流苏，上面密布短毛；唇盘两侧各具1个黄色斑块；蕊柱白色，长约3 mm，前面两侧具紫红色条纹；药帽白色，近圆锥形，顶端稍凹的，密布细乳突，前端边缘具不整齐的齿。花期4～5月（图1—5）。

生境：生于海拔1 100～2 100 m的山地密林中树干上。

图1—5　紫皮石斛

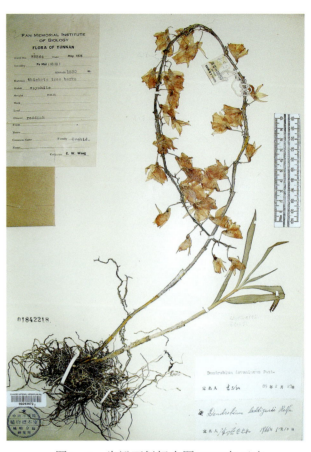

图1—6　齿瓣石斛标本图 1936年云南

据中国科学院昆明植物研究所植物标本馆收藏，我国最早的齿瓣石斛标本为1924年由George Forrest采集于云南腾冲县（与龙陵县相邻）；1936年由王启无采集于云南勐海县（佛海）的齿瓣石斛标本（图1—6），1985年2月由吉占和进行了确认。

第四节　形态解剖特征

为了证实本种的准确性，龙陵县石斛研究所联合我国著名石斛专家顺庆生教授团队开展了花、果的精细解剖与原植物的描述，经核对与《中国植物志》记载完全一致。同时对龙陵石斛的遗传学方面的生殖系统和受精过程、果实与种子的内核、繁殖能力及种子多少进行评估。

一、花的精细解剖图

紫皮石斛植株

总状花序出自于落叶老茎上，每个具1～2朵花

花的外形：基部有一长卵形苞片，萼片3，边缘具短流苏，中为合蕊柱，叶柄后为萼囊

去苞片：示唇瓣和侧萼片

花的纵切：示唇瓣和蕊柱足共同构成的萼囊内有丰富的蜜汁

唇瓣：白色前部紫色，中部以下两侧具紫红色条纹，边缘具复式流苏，中部两侧有二个大黄色斑块

去唇瓣见合蕊柱：药帽、药喙，其下的柱头腔内富含黏液

药帽翻转一半

药帽翻转后从药囊中露出花粉块

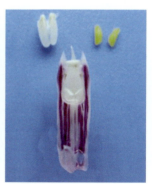

药帽、花粉块和蕊柱分离，蕊柱上方三个突起中间为花粉管

　　左1昆虫进来时药帽保护盖住花粉块不被带走。左3昆虫从前一朵花中带来的花粉块被塞到柱头腔黏液里，以便从上面的花粉管向下受精，当昆虫吸净蜜汁退出时身上的茸毛带走花粉块到另一朵花上进行异花传粉，这就是兰科植物的传粉特点。

图1—7　花的解剖组图

二、果实和种子解剖图

果实（蒴果）

未成熟果实（纵切面）

次成熟果实（横切面）

蒴果侧膜胎座3心皮

成熟果实横切面

一个果实的种子

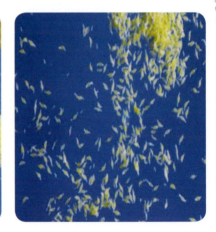

种子：成熟的种子为黄色，
两端有白翅

　　齿瓣石斛（紫皮石斛）种子计数：一个果实共分36块，然后取其4块计数，分别为①3 500粒；②4 005粒；③8 200粒；④8 800粒。上述4块相加＝24 505粒，再除以4，每块平均＝6 126粒，再乘36＝220 536粒，每个种子＞20万粒，其中不育约占半数，成熟种子至少有10万粒以上。
　　齿瓣石斛属兰科植物，兰科植物在植物界属微子目，种子微小而多，无胚乳。

图1—8　果实和种子的解剖组图

龙陵紫皮石斛

三、茎的显微横切面

【茎的横切面显微构造】（新鲜茎　横切面直径5 mm）：呈椭圆形，边缘有不规则波状，角质层厚约7.8 μm，表皮细胞1列，稍扁平，切向26～52 μm，径向5.02～15.6 μm；基本薄壁组织大小近似，围绕维管束的一圈细胞较小。维管束略排成3～4圈，切向72.9～125 μm、径向104.2～156 mm；外侧纤维群新月形，由1～2列纤维组成，纤维多角形，直径至20.8 μm，壁厚5.2 μm，其外缘嵌有细小薄壁细胞，有的含硅质体；木质部管孔直径52 μm，内侧具1～2列纤维群，纤维直径13 μm，壁厚5.2 μm（图1—9）。

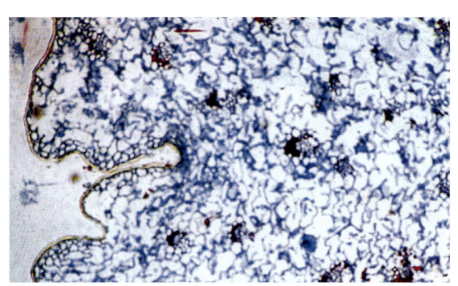

图1—9　紫皮石斛新鲜茎横切面图

龙陵紫皮石斛

第一章 龙陵紫皮石斛生物学特性

品　鉴

龙陵紫皮石斛细圆柱形，稍肉质，黄绿色带紫褐色，长50～70（～100）cm，直径0.3～1cm，不分枝，具多节，节间长1～5cm，叶纸质二列互生，基部具抱茎的鞘，叶鞘常具紫红色斑点，稍干后为纸质。茎易折断，味微甜，嚼之有浓厚黏滞感，渣少。

第一节　龙陵紫皮石斛图鉴

一、紫皮石斛生态环境

图2—1　龙陵生态环境

图2—2　龙陵紫皮石斛　野生丛林之中

二、野生紫皮石斛

图2—3　龙陵野生紫皮石斛

图2—4　龙陵野生紫皮石斛

图2—5 龙陵野生紫皮石斛

图2—6 龙陵石上野生紫皮石斛

三、花和果

图2—7　紫皮石斛之花

图2—8　紫皮石斛之果

四、仿野生栽培

图2—9　活树仿野生栽培模式

图2—10　移活树仿野生栽培模式

图2—11　独横木仿野生栽培模式

图2—15　铁皮石斛鲜条

三、霍山石斛鲜条

【来源】本品为兰科植物霍山石斛*Dendrobium huoshanense* C.Z.Tang et S.J.Cheng的新鲜茎，除去杂质，剪去须根。

【性状】本品茎直立，肉质，长3～9 cm，从基部上方逐渐变细，基部上方粗3～18 mm，不分枝，具3～7节，节间长3～8 mm，淡黄绿色，有时带紫红色斑点，有的茎有叶数枝，二列，叶革质，叶鞘膜质，茎肉质多汁，易折断，断面绿色，味淡，嚼之有浓厚黏滞感，无渣（图2—16）。

图2—16　霍山石斛鲜条

历史沿革与产业发展

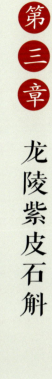

龙陵人工种植石斛始于20世纪90年代初期，2005年龙陵县成立石斛产业领导小组，2008年县委、县政府把石斛产业列为全县农业"422"工程中的一项亿元产业来培植。龙陵县石斛产业领导小组每年制定全县石斛产业发展的指导思想、目标任务、扶持政策、保障措施等，负责组织、指挥、协调全县石斛产业发展工作，各乡镇成立了相应的领导班子和工作机构，切实加强对石斛产业的组织领导。

第一节 药用历史源远流长

龙陵古称"勐弄""黑水陇"。先秦时期，龙陵属"濮"部（即哀牢族）。西汉为"百越"部落，为哀牢国地，东汉永平十二年（69年）置哀牢县，属哀牢县境归永昌郡。清·乾隆三十五年（1770年）始建龙陵厅，属永昌府管辖。民国二年（1913年）改厅建龙陵县。1949年11月龙陵解放，1950年3月龙陵县人民政府正式成立，归属保山专员公署，1956年将龙陵县划归德宏州管辖，1963年8月龙陵县复归保山专员公署管辖。

由以上龙陵的历史沿革可见，龙陵在清代归永昌府管辖。永昌，即今保山市。据民国六年（1917年）刊本《龙陵县志》记载，"龙陵向无志"，即由于龙陵县以前没有县志，因而"龙陵旧属于保山，故凡志龙事之缘起，必先考保山之成规，非牵混也，盖数典不忘其祖，耳闻者谅之"。广州中医药大学"石斛求真"团队魏刚研究员等受此启发，对龙陵石斛的药用历史开展了深入的考证。

根据清代罗纶、李文渊康熙四十一年（1702年）编修的清康熙《永昌府志》记载，在卷十"物产"中，"花属"中有"石斛"（图3—1）；同时"药属"中也有"石斛"（图3—2）；尤其注明以上"各属诸物皆郡县同有，其为各处既独产者另注于下，以别之"（图3—2）。

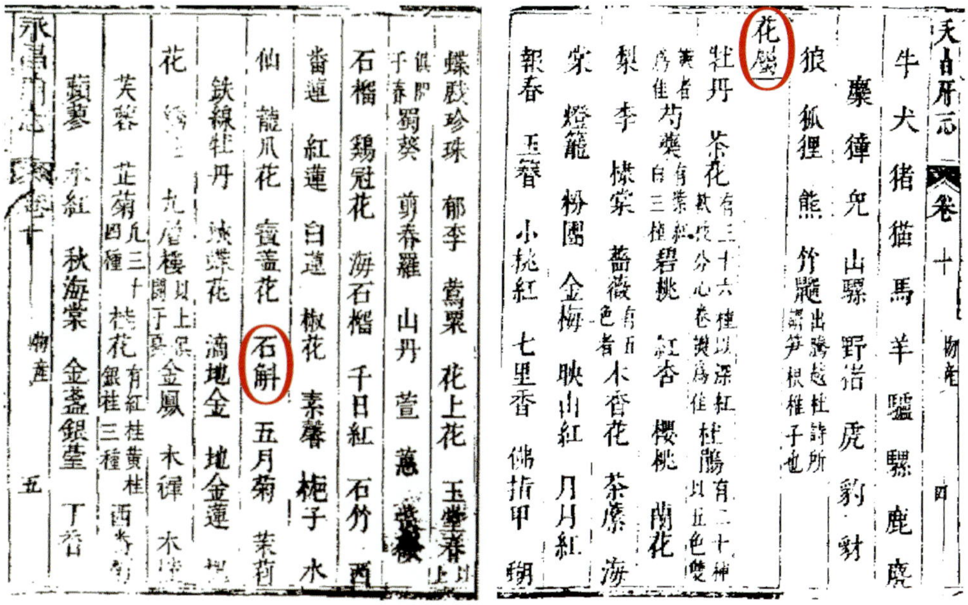

图3—1　康熙《永昌府志》（1702年）花属　石斛

以上的记载与"石斛求真"课题组在《石斛求真》一书中对石斛药用历史的大量考证相吻合，在四川、云南、贵州等西南诸地，对石斛的应用，清代前期以花观赏为主，中后期药用实践逐渐增多，同时也收载入"药属"等。由康熙《永昌府志》在"花属""药属"的同时收载，我们似可推断，在清代早期，保山地区（含龙陵）的本地石斛的药用已经开始推广，即可以说龙陵石斛药用的历史应在300年以上。

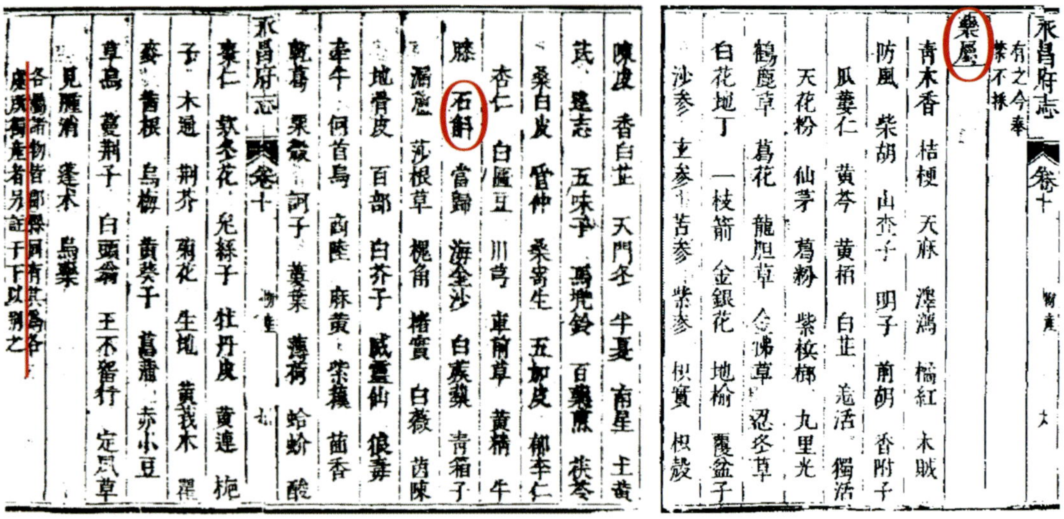

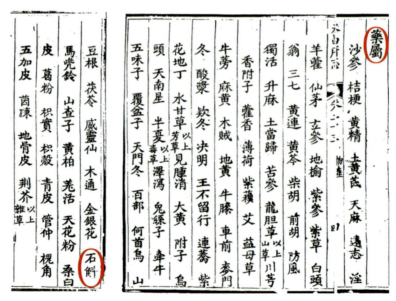

图3—2　康熙《永昌府志》（1702年）药属　石斛

到了清·乾隆五十年（1785年），宣世涛纂修乾隆《永昌府志》，在卷二十三"物产"中注明，"永昌府，郡、厅、州、县同"，龙陵县时为"龙陵厅"。但此时仅在"药属"中收载有"石斛"（图3—3），而"花属"中已经不见收载，表明到了乾隆后期，石斛在当地已经主要以药用为主了。

图3—3　乾隆《永昌府志》（1785年）药属　石斛

再到清·光绪十一年（1885），刘毓珂重修光绪《永昌府志》，在卷二十二"食货志·物产"中，完全延续了乾隆《永昌府志》的记载，仅在"药属"中收载有"石斛"，且"永昌府，郡、厅、州、县同"（图3—4）。

永昌府志 卷二十二 食貨志物產 一
雖瑣必詳馬志物產
永昌府 郡廳州縣同
穀屬
麥有四種大麥小麥燕麥玉麥 蕎有甜苦二種 稻有紅白糯數種 黍有黃白二種 粱有飯糯二種 稗有飯糯二種 豆有黃白綠紅豌蠶缸飯扁刀數種 芝麻有黑白二種

藥屬
沙參 桔梗 黃精 土黃芪 天麻 遠志 淫
永昌府志 卷二十二 食貨志物產 四
羊藿 仙茅 玄參 地榆 紫參 紫草 白頭
翁 三七 黃連 黃芩 柴胡 前胡 防風
獨活 升麻 土當歸 苦參 龍膽草山草以上 川芎
香附子 藿香 薄荷 紫蘇 艾 益母草
牛蒡 麻黃 木賊 地黃 牛膝 車前 麥門
冬 酸漿 款冬 決明 王不留行 連翹 紫
花地丁 水甘草芳草以上 見腫消 大黃 附子
烏頭 天南星 半夏毒草以上 澤瀉 鬼絲子 牽牛
五味子 覆盆子 天門冬 百部 何首烏 山

豆根 茯苓 威靈仙 木通 金銀花 石斛
馬兜鈴 山查子 黃栢 羌活 天花粉 桑白
皮 葛粉 枳實 枳殼 青皮 管仲 槐角
五加皮 茵陳 地骨皮 荆芥雜草以上

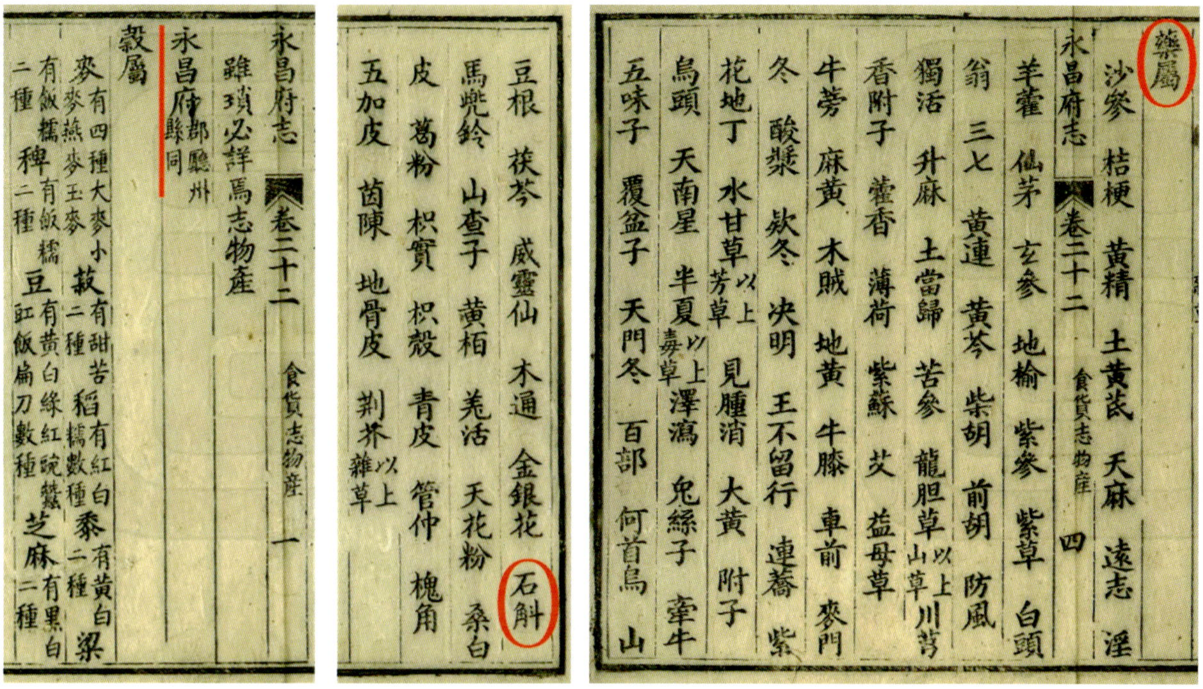

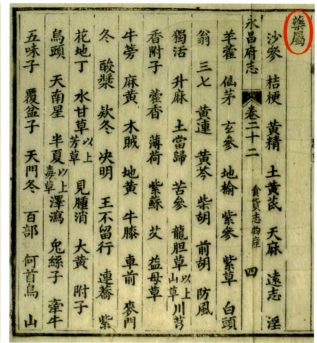

图3—4 光绪《永昌府志》（1885年）药属 石斛

民国六年（1917年），由张鉴安修、寸晓亭等编纂的民国《龙陵县志》将石斛列为“物产”，记入“药属”，为药属“山草、芳草、毒草、杂草”四类中“杂草”的29种之一（图3—5）。

藥屬
沙參 桔梗 黃精 土黃芪 天麻 遠志 淫羊藿
山茅 玄參 地榆 紫參 紫草 三七 白頭翁
黃連 黃芩 柴胡 前胡 防風 獨活 升麻
土當歸 苦參 龍膽草山草以上 川芎 香附子 藿香
龍陵縣志 卷之三 二十
薄荷 紫蘇 艾 益母草 牛蒡 麻黃 木賊 地
黃 牛膝 車前 麥門冬 酸漿 款冬 決明 王
不留行 連翹 紫花丁 水甘草芳草以上 見腫消 大
黃 附子 烏頭 天南星 半夏毒草以上 澤瀉 鬼絲子
牽牛 五味子 覆盆子 天門冬 百部 何首烏
山豆根 茯苓 威靈仙 木通 金銀花 石斛 馬
兜鈴 山查子 黃柏 羌活 天花粉 桑白皮 葛
粉 枳殼 青皮 管仲 槐角 五加皮 茵陳 地
骨皮 荆芥雜草以上

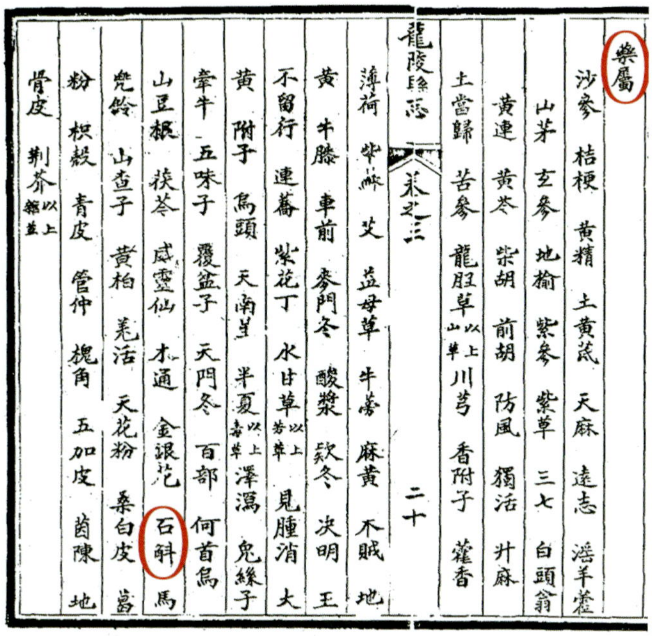

图3—5 民国《龙陵县志》（1917年）药属 石斛

通过认真比对乾隆《永昌府志》、光绪《永昌府志》、民国《龙陵县志》中“药属”的药味记载，发现乾隆《永昌府志》、光绪《永昌府志》药属中“杂草”为30种，民国

《龙陵县志》药属中"杂草"为29种，药味完全相同，仅少了一味"枳实"，可见民国《龙陵县志》药属的记载是在乾隆《永昌府志》的基础上引载而来，实则一脉相承。

综上历代《永昌府志》《龙陵县志》可知，石斛在龙陵的药用历史在300年以上，比我们印象中要更早，更有广泛的民间应用基础。由于龙陵的野生石斛资源丰富，种类较多，《永昌府志》《龙陵县志》药属中记载的"石斛"虽不特指龙陵紫皮石斛，但紫皮石斛作为龙陵民间习用的最主要品种，应在"石斛"中占据着重要的地位。

龙陵当地人称龙陵紫皮石斛为"黄草""紫草""紫皮兰""救命仙草""吊兰花"等。《龙陵县志》（2000年）记载："龙陵县1985年普查共有药用植物378种，常用中草药168种"，龙陵紫皮石斛是其中之一。龙陵民间历代都将龙陵紫皮石斛作为中草药运用。据龙陵威灵寺碑文记载：乾隆初年，龙陵河头榨地张百户家族有一人上山打猎，因天气炎热致中暑休克，用紫皮石斛挽救了性命，遂择大尖山还愿建成威灵寺，紫皮石斛成该寺常用药，其主持刘长青因常年用紫皮石斛当茶饮，至民国六年去世，终年156岁；据段氏家谱记载：乾隆十六年春，龙江土官寨七世祖段有名患肺病，生命垂危，子女至河头寻回紫皮石斛除疾，此后，段氏家族移居河头，并将紫皮石斛作为家庭常用药；河头田头卢金焕因常年保持采食紫皮石斛鲜条的习惯，花甲之年任黑发依旧，得享天年118岁。

《龙陵县中医验方》（1958年）收录：田九畴用龙陵紫皮石斛配伍其他中药材治疗脑炎、肺结核潮热症、风湿性关节炎（详见第七章第二节《中医验方》）；龙陵白塔中医世家赵鸿玺用龙陵紫皮石斛配伍其他中药材治疗小儿疳黄症（详见第七章第二节龙陵县中医验方）；龙陵紫皮石斛在龙陵县民间运用极其广泛，主要用于外伤、肺病、术后及大病初愈体力恢复、日常滋补保健等。

第二节　发展沿革

一、野生资源丰富，交易较早形成

《龙陵县林业志》载："龙陵县森林特产资源丰富，林副产品繁多，草本植物多见金发草、野古草、野生紫皮石斛、粽叶竹……""龙陵县属典型的立体气候类型，得天独厚的气候条件，孕育着多种石斛资源，从怒江低热河谷区到冷凉山区均适宜石斛生长"。龙陵野生紫皮石斛（图3—6）。

龙陵紫皮石斛交易较早形成。民国年间腾冲制药厂、昆明制药厂到龙陵收购；1952年龙陵县贸易公司在全县范围内设点收购；1953年龙陵县多数乡、村基层供销社收购供应国内医药公司；《龙陵县供销合作社志》记载：大宗产品有黄草，1963年收购标准价为每市斤（1市斤=0.5 kg）干品0.8元、1965年1.5元；1963年龙陵县供销合作社转发的"中药材代购协议书"（图3—7），附表中提到了收购细黄草、粗黄草，并要求"细软、粉质多"（图3—8）；龙陵县商业局《请示中药材三类物资要求上调的报告》（〔1966〕商业字第46号）安排全县收购三类药材中细黄草820市斤、粗黄草900市斤（干品）；龙陵县革命委员会生产指挥组文件《最高指示》（龙革生产〔1970〕14号），收购任务安排红旗、红卫、东方红、前进等八个购销点收购粗细黄草550 kg（干品）；据龙陵县供销社《收购主要品种数量统计表》载：1952～1973年的21年间共收购黄草57 345 kg（干品），1986～1993年的8年间共收购紫皮石斛66 372 kg（干品）。

图3—6　龙陵野生紫皮石斛

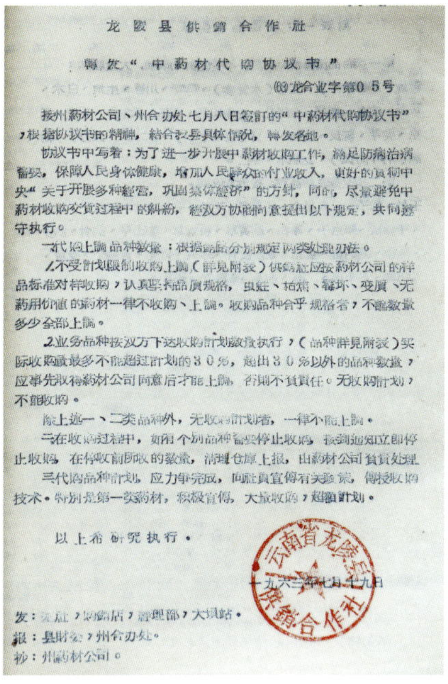

图3—7　1963年龙陵县中药材代购协议书　　图3—8　1963年粗黄草、细黄草（细软、粉质多）

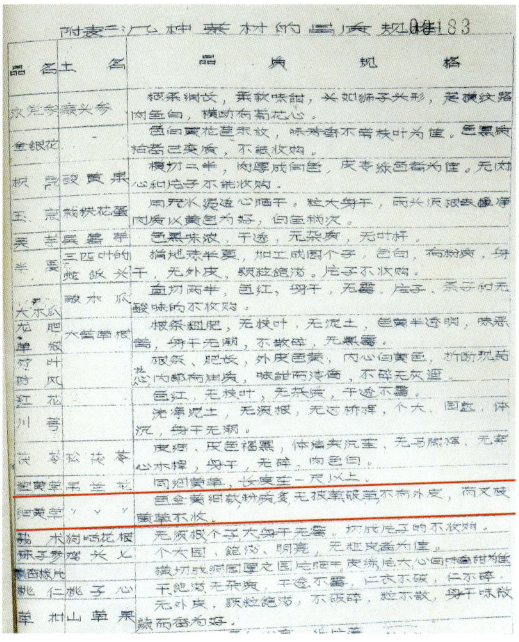

1980年浙江药商到龙陵考察黄草资源，1981年开始在龙陵收购黄草（鲜品），不分品种，新老条混收1元/kg，收购量大，河头街天（5天一次的集市交易日）一天收购约1t；1985年浙江药商开始分级收购"紫草"，白条（当年生成熟鲜条）为14～15元/kg，老条为1元/kg。随着野生资源的日益枯竭，龙陵紫皮石斛价格一路攀升，1995年白条价格上升至40～50元/kg，老条2元/kg；2000年白条60～70元/kg，老条10～15元/kg；2007年白条170～190元/kg，留种白条240元/kg，留种丛草180～220元/kg。

二、人工栽培技术探索，形成小规模分散栽培

浙江药商进驻龙陵大量收购黄草后，本地人代浙江药商进行收购，如许有富、饶万保、李成林等人。1989～1990年本地代理商到浙江考察，发现黄草利润空间大，回来后便开始查阅资料，自此石斛的学名开始逐渐被龙陵人认知，农户有意或无意地将剪去白条的野生丛草（老草）丢在背阴处的草房、瓦房屋顶上，捆绑或用棕片包裹挂在树上、房屋上，大都能生根发芽，年底可收获一定的白条，且所收获的白条品质近似野生。

1995年，河头乡河头村、尹兆场村、核桃坪村张明学、饶万保、李成林、饶万林等人将龙陵紫皮石斛野生丛草捆绑于家边或天然林的活树上仿野生栽培，称为"活树仿野生栽培"，由于此栽培方法管理难度较大，加之条件有限，干旱之年死亡率非常高，一段时期内此栽培模式没有得到较好发展。

1998～1999年，尹兆场村段生启将直径10 cm左右的米团花树按45°角、株行距4.5m移植在自家菜地上，将野生紫皮石斛丛草在距地面50～60 cm的高度固定在移植树的两侧，栽培获得成功，这一方法带动了部分农户种植，称为"移活树仿野生栽培"（图3—9）。

图3—9　移活树仿野生栽培

1999年，尹兆场村杨家帮用杉木树圆木搭成高80 cm、相距20 cm的支架，将野生紫皮石斛丛草固定在圆木上面的两侧，栽培获得成功，称为"独横木栽培"。

2002年，河头村赵永顺用木板边皮板制成简易木槽，用树皮做基质在平房顶上栽培，此法较先前的两种模式更便于管理，产量更高。2003年文体局干部段兴恩带薪离职创建"龙陵县天然石斛种植示范基地"，对以上几种栽培方法加以改进，用木板制成下底宽10～15 cm、边高15～20 cm、上口宽15～20 cm的木槽，将石斛种苗按10 cm株距固定在槽内，用树皮+羊粪做基质栽培，称为"槽式栽培"。

2005～2006年，尹兆场村王加华将杉木树砍除枝叶带根横植于台地上，将石斛种苗固定在杉木上面两侧，此法一直保持杉木树成活，延长了种植年限，使"独横木栽培"得以创新。

2006年，象达乡朝阳村张显正采用搭建0.8 m高、1.2 m宽栽培床，用山基土+刨花做基质，按15 cm株行距垒基质栽培，此法较为成功，较省材料、工时，称为"床式栽培"，得到大面积推广。

段兴恩的"龙陵县天然石斛种植示范基地"用"槽式栽培"和"移活树仿野生栽培"两种模式配套共栽培2 000 m²获得高产，开创了龙陵人工集约化连片种植紫皮石斛之先河，引领龙陵紫皮石斛集约化栽培发展。

到2006年，龙陵紫皮石斛形成小规模分散栽培，栽培面积6万 m²，鲜条产量达50 t。

三、政府因势利导，产业初具规模

2000年以来，龙陵县委、政府因势利导，把龙陵紫皮石斛产业作为全县的一项特色产业来抓，制定出台了产业扶持政策，充分调动了群众发展的积极性，使龙陵紫皮石斛产业具有产业化发展基础，龙陵成为全国最大的紫皮石斛人工栽培基地（年度发展情况见表3—1）。

表3—1　龙陵县石斛产业发展一览表

单位：万m²、t、万元

年度	2006	2007	2008	2009	2010	2011	2012	2013	2014	2015
面　积	6	13	21.4	45.3	84.1	173.5	299.4	515.8	550	600
鲜条产量	50	100	130	300	400	600	1 000	2 600	2 000	2 500
产　值	300	700	976	3 317	5 400	13 000	25 000	26 000	30 000	35 100

资料来源：龙陵县石斛产业领导小组办公室。

四、实施产业化发展战略

《龙陵县石斛产业发展规划（2016～2020年）》："2020年，全县石斛种植面积达

10 000 000 m²，建成万亩高原紫皮石斛产业示范园1个，实现石斛鲜条年产量5 000 t以上，年产值15亿元以上，把龙陵打造成为全国石斛产业的产量中心、质量中心、价格中心，把石斛产业培植成为支撑县域经济的高原特色支柱产业。"

龙陵县将在进行龙陵紫皮石斛种质鉴定、有效成分分析、毒理药效及临床运用等基础研究上，实施生态化发展路子，主导活树、移活树仿野生栽培模式，回归自然，确保龙陵紫皮石斛药材质量和"道地性"；并致力于龙陵紫皮石斛终端市场开拓与建设、聚力打造龙陵紫皮石斛品牌，提升"中国紫皮石斛之乡——龙陵"绿色、生态、安全、健康的形象，增强龙陵紫皮石斛知名度和影响力，推动龙陵石斛产业健康、可持续发展。

第三节　资源保护与开发利用

随着石斛产业的发展，"掠夺式""毁灭性"的采掘行为致使石斛野生资源不断遭受破坏，石斛资源保护迫在眉睫，目前龙陵县正致力于建设兼具收集、保存、鉴定、研究、创新、利用于一体的石斛资源保护和开发利用模式。

一、深入开展资源调查

在已开展的共计4次的全国中药材资源普查中，龙陵均将石斛野生资源列为中药材资源进行普查，收集了龙陵石斛野生资源的第一手资料。

2016年2月，龙陵县石斛研究所组建石斛野生资源调查队，系统、全面地开展县域石斛野生资源调查。截至2016年10月已对5个乡镇部分山系进行调查，已发现野生石斛19种，紫皮石斛分布广泛（图3—10、图3—11）。下一步调查队将持续深入开展工作，力争较为全面地掌握县域石斛野生资源情况，为全县石斛野生资源保育奠定坚实基础。

二、建设"中国·龙陵石斛种质资源保护研究中心"

"中国·龙陵石斛种质资源保护研究中心"是经龙陵县人民政府批准，由龙陵县石斛研究所承建的项目（图3—12）。项目地处龙陵县龙山镇横山村老龙腾公路10 km处，紧邻龙川江，与腾冲市隔江相望，与邦腊掌温泉度假区隔山而立，海拔1 350 m。

"中国·龙陵石斛种质资源保护研究中心"定位为：以"国际化、生态化、园林化、景观化"的手法，建设兼具收集、保存、鉴定、研究、创新、利用和科普示范等功能齐备的石斛种质资源保护研究中心。中心目标为：一是成为国家重点石斛种质资源保护研究中心，为我国乃至世界石斛的选育及研究探索开辟有效途径，从而推动石斛产业的可持续发展；二是建立种质资源信息库；三是建成具石斛科技传播和石斛文化展示于一体的科普示范基地，较好的传播石斛科技知识、弘扬石斛文化养生。

图3—10　石斛野生资源普查　　　　　　　图3—11　野生紫皮石斛活体标本

　　项目占地面积300亩（1亩=1/15公顷），核心区48亩，划分为综合管理区、保存区、展示区、试验繁育区4个功能分区。保存区以活树仿野生栽培为主，搭配床栽、石栽、桩栽、盆栽等进行石斛种质保存。展示区对各石斛种及不同石斛栽培模式进行全方位展示。试验繁育区进行石斛良种选繁育等科学研究。

　　"中国·龙陵石斛种质资源保护研究中心"将实现对野生石斛种质资源的保存和保护，将丰富和补充我国乃至世界的石斛种质资源，是物种保护及维持生物多样性的需要（图3—13）。

图3—12　中心大门　　　　　　　　　　　　图3—13　保存的种质

三、开展龙陵紫皮石斛良种选育

紫皮石斛人工栽培发展迅速，但目前所栽培的紫皮石斛中存在多种变异类型，产量、品质差距较大，选育品质好、产量高的紫皮石斛良种是石斛产业持续、健康发展的基础。

赵菊润等报道了"龙紫1号"的选育，"龙紫1号"是从紫皮石斛栽培大田中选择优株扦插增殖，经3年区域栽培试验选育的优良无性系品种。其根系发达，茎肉质鲜嫩，粗壮且较长；其鲜茎平均长88 cm，直径1.0 cm，石斛多糖含量高达41.4%，盛产期产量达1.80 kg/m²，具有较强的抗寒性、抗旱性及抗病性，与传统品种比较，萌芽期推迟约15天，叶功能期延长5天。2012年12月通过云南省林木良种审定委员会认定，命名为龙紫1号；2013年12月，龙紫1号被云南省林业厅园艺植物新品种注册登记办公室确定为园艺植物新品种（图3—14）。

图3—14　龙紫1号

伍淳操等选择紫皮石斛人工仿野生栽培1～3年的基地6个，每个基地随机选择3个样点，每样点面积2 m²，统计6个主要变异类型的植株数；每个变异类型统计茎长、茎粗、茎节数、单条鲜重、叶长、叶宽、长宽比、叶面积；采用SPSS软件对不同类型齿瓣石斛性状进行差异显著性分析和主成分分析。结果表明齿瓣石斛狭叶粗壮型所占比例最高，血草型最少；铁线草的茎长、茎节数最大，显著高于血草型（$P<0.05$）和紫鞘粗壮型（$P<0.05$）；宽叶粗壮型的茎粗和单条鲜重均显著高于其他各组（$P<0.05$）；在叶长、叶宽、叶面积上，宽叶粗壮型、狭叶粗壮型、紫鞘粗壮型分列前三位，属于大叶类型，与血草型相比均有显著差异（$P<0.05$）；齿瓣石斛主要群体性状指标存在不同程度的变异，以单条鲜重和叶面积变异程度最大；在齿瓣石斛育种工作中，可以尝试集中考察能反映齿瓣石斛综合性状的茎长和茎粗

这2个植物学性状指标，以提高齿瓣石斛新品种选育的效率。

龙陵县石斛研究所于2014年开展龙陵紫皮石斛良种选育课题，初步划分龙陵紫皮石斛生态类型（变异类型）20个，目前课题进展至生态类型（变异类型）同田对比试验阶段。

四、推广活树仿野生栽培模式

龙陵县自20世纪90年代初原河头乡部分群众在天然林中仿野生放养紫皮石斛获得成功以来，探索出了"活树仿野生栽培""移活树仿野生栽培""独横木栽培""槽式栽培""床式栽培"。通过对比，活树仿野生栽培模式的紫皮石斛品质更优，节约土地，有效利用山林，值得推广（图3—15）。

图3—15　活树仿野生栽培模式

紫皮石斛活树仿野生栽培模式的优点为：

1. 产品优质化。龙陵森林资源丰富，气候环境好，常年依靠雾、露、雨滋润生长，受天地之灵气，吸日月之精华。与常规床式栽培相比，有效成分含量明显增高。活树仿野生栽培石斛鲜条比较受消费者的欢迎，销售单价是床式栽培的2倍。

2. 产业生态化。充分利用自然环境条件，不需要人工架设遮阴、保温设施。

3. 成本节约化。成本低、效益好，减少了土地和大棚设施建设投入，一年种植多年采收。

4. 范围大众化。庞大的农村林业资源，为石斛活树仿野生栽培产业进村、上山创造了条件。自然林栽培、经济林栽培等栽培方式多种多样。

第四节 产业体系构建

　　龙陵县高度重视石斛产业的规范发展，不断建立完善组织机构，出台发展石斛产业的系列扶持政策，支持成立石斛专营公司、合作社、个体经营户。

一、组织机构

　　龙陵人工种植石斛始于20世纪90年代初期，2005年龙陵县成立石斛产业领导小组，负责组织、指挥、协调全县石斛产业发展工作，各乡镇成立了相应的领导班子和工作机构，切实加强对石斛产业的组织领导，龙陵县石斛产业领导小组每年制定全县石斛产业发展的指导思想、目标任务、扶持政策、保障措施等。

　　2008年7月龙陵县石斛协会成立，协会下设10个分会，接收会员3 000多名，各分会在石斛种植村下派石斛辅导员，负责种植户的技术指导和产业数据收集。

　　2010年后龙陵县相继成立了3个石斛检测机构，开始实施"石斛产品质量检测检验制度"，种植户在采收石斛鲜条前，必须向石斛产业办、石斛协会提出石斛产品检验申请，经检测合格方可采收出售，检测合格证作为石斛调运的依据。

　　2012年1月龙陵县石斛研究所成立，为县政府全额拨款的正科级事业单位，职责为根据石斛产业存在问题开展相关研究，为石斛产业服务，助推龙陵乃至全国石斛产业发展。

　　2014年6月龙陵县益民职业培训学校成立，承担石斛种植、枫斗加工技术培训。

二、产业扶持政策

　　龙陵县委、县政府把石斛产业发展资金列入财政预算，积极向上争取国家项目扶持资金。自2000年以来，财政、科技、林业、农业、发改、扶贫、人社、工信、供销等相关部门为石斛企业、合作社争取专项扶持资金与贴息贷款上亿元，为龙陵石斛产业的快速发展起到了重要作用。

　　2008年，龙陵县委、县政府把石斛产业列为全县农业"422"工程中的一项亿元产业来培植。

　　《龙陵县人民政府关于2008年石斛产业发展指导性意见》（龙政发〔2008〕7号）文规定：对规模化集约栽培在50 m²以上，每平方米种植达45株的农户，每株给予1元的种苗补助；当年县财政安排石斛产业发展工作经费10万元；对石斛种植户在50户以上的村配备一名石斛辅导员。

　　《龙陵县人民政府关于2009年石斛产业发展指导性意见》（龙政发〔2009〕53号）文规定：对规模化集约栽培在50 m²以上，每平方米45株的农户，由县石斛协会统筹运作，按规定给予扶贫贴息贷款扶持，县财政安排石斛工作经费15万元，专项用于石斛产业发展考核奖励。《龙陵县人民政府关于2010年石斛产业发展指导性意见》（龙政发〔2010〕47号），对2009年的石斛产业发展扶持政策进一步明确。《龙陵县人民政府关于2011年石斛产业发展指导性意见》（龙政发〔2011〕30号）文规定，对当年种植石斛净面积在100 m²以上，按规定给予扶贫贴息贷款扶持、县财政安排工作经费15万元。《龙陵县人民政府关于2012年石斛产业发展指导性意见》（龙政发〔2012〕16号）扶持政策与2011年相同。

《中共龙陵县委、龙陵县人民政府关于加快石斛产业发展的意见》（龙发〔2012〕8号）文规定：从2012年起，县财政每年安排100万元石斛产业发展资金，用于推进石斛产业发展，并逐年加大资金投入。从2013年起，县财政每年安排100万元扶持石斛企业发展资金，采取贴息、以奖代补的方式。5年内县级财政安排1 000万元石斛科研专项资金，用于石斛科研及产品开发。从2012年起，取得紫皮石斛深加工产品生产许可证的企业补助10万元；取得石斛保健品、药品生产许可证的加工企业补助30万元；获得市级知名商标权和知名企业奖励5万元；获得云南省著名商标权和云南省名牌产品称号的企业奖励30万元；获得中国驰名商标权和中国名牌、国家高新技术产品的企业奖励50万元。企业、合作社，或种植基地产品通过无公害产品认证、绿色食品认证、有机食品认证的奖励2万元、5万元、10万元；获得省级创新科技认证奖励20万元；获得国家级创新科技认证奖励30万元。从2012年起对获得国家级、省级、市级示范性农民专业合作社称号，分别给予一次性奖励20万元、10万元、5万元。对石斛加工产品年销售收入首次达到5 000万元以上、10 000万元以上的石斛专业合作社一次性奖励5万元、10万元。

《龙陵县人民政府关于2014年石斛产业发展指导性意见》（龙政发〔2014〕36号）文规定：新种植石斛净面积在100 m²以上，按标准要求种植给予贴息扶持、县级石斛示范基地补助10万元；对企业开展石斛产品精深加工、新产品研发、扩大生产规模、拓展销售市场、开展GAP认证等工作，或绩效突出的给予10万元补助；石斛专业合作社年销售首次达到5 000万元以上，一次性奖励5万元，达1亿元以上，奖励10万元；对枫斗加工培训取得从业资格证的人员每人补助100～300元；活树种植每亩补助1 000元。

《龙陵县人民政府关于2015年石斛产业发展指导性意见》（龙政发〔2015〕28号）扶持政策规定：按标准新种植农户给予贴息扶持，活树种植每亩补贴2 000元，县级示范园扶持5万元，企业石斛精深加工、新产品研发、扩大生产规模、拓展销售市场、开展GAP认证等工作，凭证书每个补助1万元，石斛专业合作社扶持与2013年相同，培训扶持、各乡镇石斛技术培训，每获证一个人补助100元。

三、石斛专营公司、合作社、个体经营户

2001年杨鸿志在龙陵注册"龙陵县黄莲河资源开发有限责任公司"，第一次用紫皮石斛种子进行组培育苗与自然林放养紫皮石斛；2003年河头村饶万保申请注册"龙陵县云河石斛开发有限责任公司"、李成林申请注册"龙陵县林源石斛开发有限责任公司"、龙陵县文体局干部段兴恩创建"龙陵县天然石斛种植示范基地"；2008年龙陵县开始探索建立石斛专业合作社。

目前，龙陵县已申请注册29家石斛专营公司，主要有云南品斛堂生物科技有限公司、

云南极斛生物科技有限公司、龙陵云河石斛开发有限责任公司、龙陵县林源石斛开发有限责任公司、龙陵县龙斛生物科技有限公司等；并组建了35个石斛专业合作社，主要有龙陵县兴龙石斛专业联合社、龙陵县富民石斛专业合作社、龙陵县登峰石斛种植专业合作社、龙陵县正才石斛专业合作社、龙陵县林博石斛种植专业合作社等。还有168家个人独资公司。这些企业有力的推动了石斛产业健康发展。

四、营销体系

1. 实体经营　龙陵县积极组建营销网络，多渠道开拓市场，支持企业到昆明、浙江、上海、广州、深圳等城市建立龙陵石斛销售门店、龙陵石斛专柜，扩大龙陵石斛的销售网络。目前龙陵县企业走出去到广州、佛山、湖南长沙、浏阳、湖北恩施、昆明、玉溪、保山等地设销售专柜18个，2014～2015年销售额达1亿多元。采用授权经销商或代理商经营销售的特许经营，品牌连锁加盟方式与企业形成合作关系的专卖店等方式营销。

2. 电子商务　按照"政府引导、电商支持、企业唱戏、农户增收"的思路，大力引导石斛企业利用互联网销售石斛农产品，创立自有电商品牌，培育新的经济增长点，着力提升石斛特色产业的可持续发展能力。目前，云南品斛堂生物科技有限公司、龙陵县林源石斛开发有限责任公司、龙陵县富民石斛专业合作社等企业做起了"互联网+石斛"的营销，催生石斛销售新业态和新模式。着力打造特色化、社区化、便捷化、场景化的购物环境，为企业OTO模式构建目标，打通线上线下购物通道，掀起了网上销售石斛热潮。

3. 委托营销　与北京、上海、河北、湖南等地企业合作，直接到龙陵采购石斛产品，保证质量、保证全年供货，建立稳定的供求关系，逐步开拓市场，打开销售渠道。

4. 媒体营销　以电视购物为主，在江苏卫视"好享购"、江西"风尚"、湖南"快乐购"、北京"央广购物"、安徽"家家购物"等销售，同时开展杂志营销、报刊营销等。目前各种媒体营销正在有序推进。

5. 活动推广　以传播石斛健康价值，普及石斛保健养生常识为目的，积极参与各种国际国内商贸展会，石斛发展研讨论坛等，积极开展石斛文化宣导活动，通过图片展示、视频播放、现场解说、产品品鉴、主题晚会等形式，以形象生动的方式为大众介绍龙陵紫皮石斛的健康养生常识。先后举办了"石斛进万家健康新概念""石斛文化进社区"等活动。

2011年11月，龙陵成功举办第五届中国石斛产业发展论坛，来自省内外的专家学者，营销大户齐聚一堂，共商石斛产业发展大计，借此契机，中国中药协会成立石斛专业委员会，授予龙陵"中国紫皮石斛之乡"称号。2014年1月，龙陵县在北京举办"龙陵紫皮石斛"推介会，并被中国药文化研究会授予"中国滋养文化示范基地"称号。

6. 特色经营　以高端石斛养生宴、养生体验馆为载体，针对特定人群进行石斛养生文化的培育及产品销售。一是以石斛养生饮食为主的健康石斛养生宴；二是开设以石斛养生健康品体验使用为主的石斛养生体验馆。目前，已在上海、广州、昆明、保山等地建立健康石斛养生宴6家。

第五节　荣誉与成果

一、荣誉

2011年10月，龙陵县成功注册"龙陵紫皮石斛"国家地理标志证明商标（图3—16）。2011年11月，中国中药协会授予龙陵县"中国紫皮石斛之乡"称号（图3—17）。

图3—16　"龙陵紫皮石斛"地理标志证明商标

图3—17　中国紫皮石斛之乡

2011年，富民石斛专业合作社获"云南林业龙头企业"、云南示范性专业合作社、云南省政府"带动农民脱贫致富"先进单位、云南省发展"两社一会"先进集体，并荣获全国林博会"紫皮石斛枫斗""紫皮石斛鲜条"两项金奖。

2012年2月，龙陵县被云南省科技厅、云南省食品药品监督管理局认定为"云药之乡"。

2012年4月，"龙陵紫皮石斛"完成农产品地理标志登记（图3—18）。

2012年，富民石斛专业合作社被云南省科技厅认定"石斛良种繁育基地"，2012年林源公司获"云南林业龙头企业"称号。

2012年，龙陵县林业局选育的紫皮石斛获林木良种"龙紫1号"。

2013年12月31日，国家质检总局发布公告，批准对"龙陵紫皮石斛"地理标志产品保护（图3—19）。

2014年，富民石斛专业合作社荣获"国家农民专业合作社示范社"称号。

2015年2月6日，龙陵县石斛研究所、龙陵县云河石斛开发有限公司、中国林业科学研究院资源昆虫研究所、龙陵县林业局、龙陵县石斛协会共同申报的《紫皮石斛仿生栽培关键技术与产品开发》项目成果获云南省科技进步三等奖。

图3—18 "龙陵紫皮石斛"农产品地理标志登记

图3—19 "龙陵紫皮石斛"国家地理标志产品保护

二、专利

2004年，龙陵县林源石斛开发有限责任公司申报并获得龙陵县第一个发明专利《一种石斛保健茶及其制备方法》（专利号：ZL200410079633.2）。

2010年，龙陵县石斛协会获得发明专利《紫皮石斛网膜架床横木种植方法》（专利号：ZL201010105733.3）。

2011年，龙陵县云河石斛开发有限责任公司饶万保获得两项发明专利《石斛纹路枫斗》（专利号：ZL201110270578.5）和"石斛花酒"（专利号：ZL201110270568.1）。

2011年，龙陵县富民石斛专业合作社获得发明专利《石斛叶枫斗》（专利号：ZL201110275085.0）。

2012年，段兴恩获得发明专利《石斛鲜条温室催芽繁殖法》（专利号：ZL201210127795.3）。

2014年，龙陵县云河石斛开发有限责任公司获得发明专利《紫皮石斛疏林育苗法》（专利号：ZL201410186867.0）。

2014年，云南天泉生物科技有限公司获得发明专利《一种紫皮石斛金条的加工方法》（专利号：ZL201410078623.0）。

2015年，龙陵县石斛研究所获得实用新型专利《组装式石斛基质槽》（专利号：ZL201520163839.7）。

2016年，龙陵县石斛研究所获得实用新型专利《一种石斛栽培墙》（专利号：ZL201620204819.4）。

2016年，龙陵县林源石斛开发有限责任公司获得实用新型专利：《一种石斛花除尘机》（专利号：ZL201620043855.7）、《一种石斛干燥架》（专利号：ZL201620048694.0）、《一种石斛枫斗加工定型夹》（专利号：ZL201620043852.3）、《一种石斛清洗机》（专利号：ZL201620043854.2）、《一种石斛硬条切断机》（专利号：ZL201620048693.6）、《一种石斛养植盆》（专利号：ZL201620043858.0）、《一种石斛栽培墙》（专利号：ZL201620043857.6）。

2016年，云南品斛堂生物科技有限公司获得4个实用新型专利和8个外观设计专利：一是实用新型专利：《一种石斛清洗净洗除农残表皮干燥一体设备》（专利号：ZL201620204816.0）、《一种石斛超微粉碎机》（专利号：ZL201620204818.X）、《一种石斛切片设备》（专利号：ZL201620204817.5）、《一种石斛数控切断设备》（专利号：ZL201620204815.6）；二是外观设计专利：《包装瓶（01）》专利（专利号：ZL201630040032.4）、《包装瓶（02）》专利（专利号：ZL201630040033.9）、《包装瓶（03）》专利（专利号：ZL 201630056019.8）、《包装瓶（百岁）》专利（专利号：ZL201630040039.6）、《包装瓶（大润酒）》专利（专利号：ZL 201630040038.1）、《包装瓶（丰润）》专利（专利号：ZL 201630040036.2）、《包装瓶（福润）》专利（专利号：ZL 201630040034.3）、《包装瓶（小润）》专利（专利号：ZL 201630040031.X）。

三、标准

2009年10月1日，《紫皮石斛》云南省地方标准颁布实施，2012年对该标准重新修订，新标准于2013年7月1日颁布实施。

2011年7月，齿瓣石斛（紫皮石斛）载入《云南省中药材标准》2005年版第七册。

2014年7月1日，《地理标志产品 龙陵紫皮石斛》云南省地方标准颁布实施。

四、认证认可

2010年，龙陵县富民石斛专业合作社和云河石斛开发有限责任公司荣获"全国首批有机栽培示范企业"称号。

2011年，龙陵县云河石斛开发有限责任公司"打虎坡"获有机产品认证。

2012年，龙陵县林源石斛开发有限责任公司"石斛"获有机产品认证。

2014年，云南极斛生物科技有限公司获"有机产品转化认证"。

五、名牌产品

表3—2　云南名牌产品企业名单

序号	企业名称	产品目录	注册商标名称	获得时间
1	龙陵县云河石斛开发有限责任公司	紫皮石斛种苗	打虎坡	2013年
2	龙陵县富民石斛专业合作社	紫皮石斛种苗	龙川江	2015年
3	龙陵县林源石斛开发有限公司	石斛种苗	古箐宝	2015年
4	龙陵县云河石斛开发有限责任公司	紫皮石斛鲜条	打虎坡	2015年
5	龙陵县云河石斛开发有限责任公司	紫皮石斛纹路枫斗	打虎坡	2015年

六、著名商标

表3—3　云南省著名商标企业名单

序号	申报人	申报商标	注册证号	类别	申请认定商品服务	认定年度
1	龙陵县云河石斛开发有限责任公司	打虎坡	4087875	30	茶、茶饮料、茶叶代用品	2010
2	龙陵县林源石斛开发有限责任公司	古箐宝	4033109	30	石斛（茶叶代用品）	2012
3	龙陵县石斛协会	龙陵紫皮石斛及图	7205497	31	紫皮石斛	2015

栽培

龙陵紫皮石斛人工栽培均采用仿野生栽培，即选择栽培条件或人为创造栽培条件与野生紫皮石斛生境相同或相似，仿照野生紫皮石斛生长进行栽培。共可分为活树仿野生栽培和简易设施仿野生栽培两种方式。

第一节　种苗培育

一、种子自然播种

种子繁殖是石斛在自然条件下的主要繁殖方式，其优势为：在育种上具诱发变异可能性，提供更多的选择；在生产上具繁育成本低及种苗抗性强、生长年限长等特点。

1. 种子选择　选择野生或人工培育的成熟饱满未开裂的紫皮石斛蒴果。用于生产的母本应选择优质高产变异（生态）类型。

2. 育苗环境选择　选择通风、半阴凉（疏林5～6 m/株）、湿润、生长季温度14～28℃的环境。

3. 播种时间　每年3～7月份均可播种，选择5～6月份最佳。

4. 播种量　每个蒴果播10～15 m²，一般能成苗1万～1.5万株。

5. 育苗床搭建

（1）边皮板墒面：用木料或角钢搭建高60～70 cm、宽110～130 cm的床架，横向用胶线拉3～4条，间距30～40 cm，将杉木边皮板纵向满铺于胶线之上。

（2）基质墒面：用木料或角钢搭建苗床架，床底层用胶笆（孔径1 cm）铺设，最底铺一层2～3 cm厚的粗刨花（粒径1 cm×3 cm），中间铺一层1～2 cm厚的细刨花（粒径0.5 cm×1 cm），最后用锯末糠拌山基土铺1～2 cm厚的一层并压实，注意墒面不能积水。

6. 苗床消毒　播种前用高锰酸钾1 000倍液或1%石灰水进行苗床消毒。

7. 播种方法

（1）边皮板墒面播种

方法一：先用鲜牛粪在边皮板树皮上涂薄薄的一层，晾干备用，播种时剥开石斛蒴果将粉末状种子放入米汤水中搅拌均匀，可用毛刷涂抹或用喷雾器喷洒，注意喷雾器喷洒要控制米汤水浓度。每个蒴果种子兑米汤水4 kg，每桶水喷40～60 m²。

方法二：将石斛种子和鲜牛粪充分混匀，调至糊状，用刷子涂抹，每个蒴果种子拌鲜牛粪5 kg，均匀涂抹于杉木边皮板树皮上，每千克涂抹2～3 m²。

（2）基质墒面播种：用米汤水兑种子均匀喷洒，16型喷雾器每桶放石斛蒴果4个，喷洒面积40～60 m²。

8. 郁闭度调节　用75%～80%的遮阳网遮阳，幼苗期若遇高温、强光照可通过加盖一层活动遮阳网进行调节。

9. 雨棚建盖　用钢架或木料搭建一边高1.9 m，另一边高1.7 m，高差0.2 m的塑料遮雨棚，因出苗前种子不能被雨水冲刷需遮雨，出苗生根后可逐步淋雨。

10. 水分管理　播种后保持墒面或边皮板湿润，采用雾状补水（最好使用喷雾器），空气湿度低时每天补水2次（早晚各一次）。

11. 温度控制　温度控制在14～28 ℃，可以用拱膜增温、揭膜降温、遮阳降温措施进行调控。

12. 养分补给　出苗后通过叶面喷施进行养分补给，可选用水溶肥如根姆、普罗丹、欧农仕、海泽拉等，浓度按0.5‰～2‰逐步递增，出苗后当年喷施浓度为0.5‰～1‰，第二年为1.5‰～2‰。

13. 病虫害防治　遵循"预防为主，综合防治"的植保方针，以农业防治为基础，综合应用生物、物理防治（具体防治方法见本章第五节病虫害防治）。

14. 出圃　从播种到出圃约需1年半时间，当苗高6～8 cm、根系发达，生长健壮、无病虫害时即可出圃。

二、扦插

（一）母本材料选择

选择适宜当地栽培、种源纯正、生长健壮、无病虫害的优质高产龙陵紫皮石斛变异（生态）类型。

（二）育苗方法

在9～10月，当母本园80%的当年生鲜条出现休止叶时，叶面喷施细胞分裂素800～1 000倍液1～2次（间隔5～7天）促腋芽分化，待当年生鲜条30%叶片老熟自然脱落（九成熟）时剪取。将剪下的鲜条用0.3%高锰酸钾药液浸泡5分钟消毒杀菌，在太阳光下晒至剪口微皱显白色，再进行晾晒直至失水20%～30%，保存于10～16 ℃的环境恒温处理，注意插条摆放不能互相重叠、挤压。出现花芽时及时剪除，剪时注意保留花柄；次年3～4月，腋芽开始陆续萌发，将已萌发的芽按1～2个节剪下，然后晾晒至伤口微皱显白色，平放于搭建好铺有基质（选用杉木锯末糠）经消毒杀菌的育苗床上，密度以不互相重叠为宜。温度保持20～25 ℃，湿度80%～90%，用80%遮光度的遮阳网遮光，加强水分管理及病虫害防治。待茎节腋芽萌发长至2～3 cm，根长出2～3条，长达1～2 cm时即可进行移栽。

三、分株

选择长势好、无病虫害、根系发达、萌芽多的紫皮石斛植株作种株，将其连根拔起，除去枯死枝，适当修剪过长的须根，保留5～10 cm。按茎条的多少分成若干丛，每丛保留3～5条茎，即可作为种苗。宜在春季气候变暖的3～4月进行。

四、高芽

石斛生长一年以上的茎条叶腋间萌发的新芽称高芽，待其气生根长出1～2 cm时，直接剪取移栽大田或苗床。宜在每年的5～7月进行为佳。

五、组培

采用剥取石斛茎尖与芽的生长点，少数采用茎条或芽的一部分，经严格消毒后，在无菌条件下植入培养基中，经2～3个月的培养，在培养过程中，小苗不断分生，以1变2、2变4逐渐扩大，待小苗长满培养基时，再取出分植，称为继代或扩繁，经过几次扩繁后，再改变培养基成分，促其生根，待生根苗长到一定的高度时，即可取出进行训化。方法如下：

1. 移栽前准备

（1）驯化圃建设

①场地选择：龙陵紫皮石斛原产区大多处于温带和温凉带，全年气候温暖、湿润，冬季最低气温多在0℃以上，其多生长于温暖、多雾、微风、清洁、散射光环境，忌阳光直射和暴晒。驯化圃选址时要综合考虑光照、温度、湿度、通风等自然因素，为其创造最佳的生长环境，同时所选场地要求通电、通水、通路。

②驯化棚搭建：可建温室大棚或简易小拱棚，易控制各种环境因素从而满足生长要求。

温室大棚：根据规模聘请专业人士进行设计及建设，满足光、温、湿的自动控制。

简易小拱棚：搭建棚宽6 m、长一般不超过30 m、棚肩高1.2 m、棚顶高2.1 m的简易小拱棚，棚顶覆盖塑料无滴膜和一层遮阳网（可移动，遮阴度70%），上面再加盖一层遮阳网（固定，遮阴度70%），四周和入口安装40目的防虫网，棚内配套安装灌溉设施，有条件的，安装自动或手动控制的喷雾系统（最好既能喷水，又能喷肥、喷药）。

③种植床搭建：驯化棚内搭建架空的高架种植床。用角钢、砖头、木料等材料作为种植床的框架，然后铺设孔径为0.3～0.5 cm的塑料平板作为栽培基质的支撑面，要求床宽1～1.2 m为宜，长度可自定，一般不超过30 m，离地高度60～70 cm。驯化苗床搭建与驯化棚灌溉设施建设相结合，达到喷雾全覆盖种植床。条件缺乏的也可以用喷雾器来代替喷雾系统。高架种植床能达到水分和透气的较好控制，从而有利种苗生长及提高成活率。

④栽培基质铺设

基质选择：石斛根系为气生根，有明显的好气性和浅根性，因此，基质选择要满足其特性，要求以疏松透气、排水良好、不易发霉、无病菌和害虫潜藏者为宜。可选择比较粗的刨花、细刨花、锯末糠三种材料为基质。

基质铺设：在种植床上先铺2～3 cm厚3 cm×5 cm的粗刨花，再铺2～3 cm厚1 cm×2 cm的细刨花，最后铺一层2～3 cm厚的锯末糠，边铺边摊平边消毒。并浇透水，移栽前用1‰高锰酸钾或1 000倍多菌灵药液对基质喷洒消毒。

（2）种苗处理

①脱温处理：先将已达炼苗标准的组培瓶苗从培养室移至脱温大棚进行2～3周的炼苗，让瓶苗从封闭稳定的环境向开放变化的环境过度，慢慢适应自然环境，待瓶苗生长健壮、叶色正常，根长3 cm以上、肉质茎3～4个节、叶4～5片、根4～5条，根皮色白中带绿即可出瓶。切忌使用有黑色根、畸形、变异的污染苗或劣质苗。

②出瓶：瓶苗从脱温棚取出后，将其置于室外阴凉通风透光处打开瓶盖或瓶塞锻炼一周，使其逐步适应室外的自然条件，有利于提高移植成活率。

③清洗：用镊子将培养基与小苗一起取出，整齐放置于盆中待清洗，无根苗或少根苗分别放置。先在自来水中把培养基冲洗干净，注意水龙头压力不要太大，以免伤到根系。特别要洗掉琼脂，因琼脂发霉会引起烂根，清洗后在阴凉处把苗整齐摊开，凉至根系发白，然后用1‰高锰酸钾消毒5分钟，少根苗、无根苗分开摆放，水分晾干后即可放置在种植床上待移栽。

2. 移栽

（1）时间：移栽最佳季节为日平均气温在15～30 ℃时，气温过低或过高均不宜移栽。一般来说，宜选择在清明节前后或者秋季进行移栽。

（2）方法：将经清洗、晾晒、消毒处理的种苗按2～3苗/丛进行分丛，用小木棍在基质里挖2～3 cm深的小洞或用竹片刨一个2～3 cm深的小槽，轻轻把种苗根部放入小洞或槽，注意不要弄断石斛的肉质根，根系要舒展，然后用锯末糠盖好，并注意种苗基部必须露在外面。无根苗或少根苗要分别栽植，以便于管理。移栽密度为500丛/m²，丛行距为4 cm×5 cm。

3. 管理

（1）遮光度调整：移栽两周后可慢慢揭去拱棚上可移动的遮阳网（早晚揭，中午盖），再过一周后完全移除。

（2）湿度控制：刚移栽的苗对水分很敏感，缺水则生长缓慢、干枯、成活率低。而喷雾过多则积水烂根，温度高、湿度大时还易引发软腐病大规模发生。移栽后一周内（幼苗尚未发新根）空气湿度宜保持在90%左右，一周后，植株开始发新根，空气湿度可保持在70%～80%。移栽前浇透水的在两周内不必浇水，但墙面四周容易干燥，应保持湿润，种植床基质干湿交替有利于发根长芽。

（3）肥水管理：移栽后施肥以水溶肥或叶面肥为主。由于石斛为气生根，因此要喷施适宜的叶面肥或水溶肥为营养液，以供给植株充足的养分，利于早发根长芽。叶面肥可选择硝酸钾、磷酸二氢钾、腐殖酸类，水溶肥可选择欧农士、海泽拉、三元复合肥（进口）等。一般移栽后一周，植株新根长出后开始喷施0.5‰～1‰的硝酸钾或磷酸二氢钾，以水代肥，7～10天喷一次，连续喷3次。长出新芽后每隔7～10天喷一次1‰～3‰的三元复合肥（喷肥浓度可逐步增加，但不超过3‰），到后期，苗生长健壮后，水溶肥（欧农士）浓度最高不超过3.7‰。一般情况下，施肥后两天内不浇水。若高温干燥，则视基质干湿度适当喷雾补水。

（4）病虫害防治：龙陵紫皮石斛组培苗驯化期主要病害为软腐病、黑斑病、炭疽病，主要虫害为蜗牛、蛞蝓、石斛菲质蚧、红蜘蛛（具体防治方法见本章第五节病虫害防治）。

4. 大田移栽

驯化3～4个月后，待幼苗长至节6～8个、苗高达8 cm以上，发育充实，根不发达，茎条粗壮，叶片呈紫色、生长健壮，即可移至大田栽培。

第二节 栽培方式

一、活树仿野生栽培

（一）天然林活树仿野生栽培

将种苗在距地面50～60 cm的高度以上用棉线或稻草绳呈环状固定在树干上，株行距（10～15 cm）×（20～30 cm），种苗露出茎基，保护根、芽，新根尽可能的接触树皮（图4—2）。

图4—1 龙陵野生紫皮石斛

图4—2 龙陵紫皮石斛自然树（栎树）仿野生栽培

（二）移活树仿野生栽培

选择易移栽成活、胸径10 cm以上、适宜石斛附生的，如米团花树（*Leucosceptrum canum* Smith）、八角树（*Illicium verum* Hook.f.）等树木按株行距4.5 m×4.5 m、树干与地面呈45°角斜栽，移植成活后将种苗在距地面50～60 cm的高度以上用棉线或稻草绳固定在树干的两侧，株行距10～15cm，种苗露出茎基，注意保护根、芽，新根尽可能的接触树皮（图4—3）。

图4—3　龙陵紫皮石斛移活树（米团花）仿野生栽培

二、简易设施仿野生栽培

1. 独横木栽培　按高80～130 cm，宽90～160 cm搭成支架，长度根据圆木长度和地势而定，将不易脱皮的圆木按棵距20 cm放置，每堆3～6棵，圆木宜选用刚砍下、较直、树皮生、水分含量高的杉木树[*Cunninghamia lanceolata*（Lamb.）Hook.]。将种苗用棉线或稻草绳按10～15 cm的株距三角形错位固定在圆木的两侧（图4—4）。

2. 槽式栽培　用加工木材的边皮废料制作成长190 cm，上口宽25 cm，下底宽15 cm，高20 cm的木槽（可根据实际制作不同规格的木槽），首先将较粗的基质铺垫木槽底部约5 cm，然后再铺垫5 cm一般基质，再将种苗按10～15 cm株距固定在槽内两侧，茎基离基质2～3 cm。栽培完成后将木槽固定于60～80 cm高的支架上，支架做成高低式，木槽放置后形成15°～20°倾斜角，以便于排水（图4—5）。

3. 槽+圆木栽培　木槽制作及放置同上，栽培时先在木槽内铺垫4～6 cm厚的基质，将选好的圆木（宜选用刚砍下、较直、树皮生、水分含量高的杉木树）放置于槽中基质上，可一槽一棵，也可一槽多棵，应根据槽的大小和所选树木而定。将种苗用棉线或稻草绳按10～15 cm的株距三角形错位固定在圆木的两侧，茎基离基质2～3 cm（图4—6）。

4. 床式栽培　用竹片或木材加工的边皮废料做底，做成床高10～15 cm、床宽100～120 cm、床长因地而定，支架高60～80 cm的栽培床。先在床上铺垫5～10 cm的基质，按20 cm的行距垒成高3～5 cm的墒，将种苗按10～15 cm的株距定植在墒上，墒与墒间种苗形成三角形错位，茎基离基质2～3 cm（图4—7）。

5. 床+圆木栽培　栽培床制作同床式栽培，栽培时先在床内铺4～6 cm厚的基质，再根据床宽用长100～120 cm、直径5～8 cm的圆木（圆木宜选用刚砍下、较直、树皮生、水分含量高的杉木树）按12～15 cm行距放置。将种苗用棉线或稻草绳按10～15 cm的株距三角形错位固定在圆木的两侧，茎基离基质2～3 cm，根系紧贴树皮（图4—8）。

图4—4　龙陵紫皮石斛独横木栽培

图4—5　龙陵紫皮石斛槽式栽培

环境良好、不受污染影响或污染源限量控制在允许范围内。龙陵紫皮石斛产地应设立明显的标志，标明范围及防污警示。

2. 整地　选好栽培地块后，天然林疏除过密枝叶，调整林间透光度至25%～35%，清除地上杂草。台地、坡地及农田则将地上的杂草、农作物茎秆等清除，按0.25～0.5 kg/m² 用量普撒生石灰消毒杀菌，杀灭病虫源。

三、设施配备

活树仿野生栽培配备喷灌等设施设备；简易设施仿野生栽培配备遮阳网、喷灌等设施设备。

四、生态基质制备

生态基质可选择林下腐殖质、树皮或大块木渣、刨花、腐熟农家肥、碎木炭等，按腐殖质10%：树皮或大块木渣15%：刨花50%：农家肥10%：碎木炭15%配比制作基质，基质要求进行高温消毒杀菌。

五、良种选用

选择种源纯正、生长健壮、无病虫害的优质高产龙陵紫皮石斛种苗。

六、移栽时间

春季至秋季的5～7月均可定植，以春季定植为主。

七、栽培模式选择

根据实际情况，选择本章第二节栽培模式中的一种或几种栽培模式。

八、管理措施

1. 光照控制　龙陵紫皮石斛忌阳光直接暴晒或长期阴暗。在生长期，一般要求有60%～80%的荫蔽度或10～12小时的散射光，因此活树仿野生栽培要及时调整林间荫蔽度，简易设施仿野生栽培用65%～85%的遮阳网遮光。

2. 温度和空气湿度管理　龙陵紫皮石斛适宜生长温度为14～28 ℃，栽培槽或栽培床温度控制在25 ℃左右；空气湿度通过喷水等措施控制在70%～80%。

3. 水分管理　龙陵紫皮石斛栽种后应保持湿润的环境，活树仿野生栽培要视情况及时补水，简易设施仿野生栽培基质持水量在30%左右。补水可结合追肥进行，但不宜浇水过多，忌积水烂根，如遇伏天干旱，可在早晚利用喷雾浇水，切勿在高温、低温或阳光暴晒下进行。

4. 防雨措施　多雨天气和雨季，过多的雨水会造成烂根和病虫害的发生，简易设施仿野生栽培应用塑料薄膜搭成雨棚，防止过多的雨水对其造成伤害，并及时排水。

5. 防冻措施　根据低温霜冻的具体情况进行防霜冻，有些地块只需在栽培床上加盖塑料薄膜，但有些地块必须加盖草帘、塑料编织袋、毛毡等，最好把苗床温度保持在4 ℃以上防冻。防冻措施应在生长停止后的11月底至开春期间进行。

6. 肥分管理　施肥本着高效、环保、生态的原则，基肥可用腐熟农家肥、绿肥、草木灰等混合堆捂发酵后在新芽萌发前按0.1～0.15 kg/m²用量施用。追肥应以叶面喷施沼液为主，生长前期用1∶5比例沼液兑水喷施，生长旺盛期可用1∶3比例沼液兑水喷施。活树仿野生栽培基肥施用方法为：将基肥与基质混合用棕片包裹固定于石斛根部，注意只能覆盖根部的1/3，根基部裸露。

7. 除草　应坚持"除早、除小"的原则。栽种后，视栽培的情况及时除草，减少病虫害发生。

8. 病虫害防治　加强病虫害防治（具体防治方法见本章第五节病虫害防治）。

第四节　活树仿野生栽培技术

本章第二节已对龙陵紫皮石斛不同栽培方式进行了阐述，本节就龙陵县石斛研究所近年来对活树仿野生栽培的研究集成技术进行重点介绍。

一、栽培环境选择

1. 海拔　选择海拔1 100～2 100 m的区域，最佳为1 400～1 800 m。

2. 气温　年平均气温12～21 ℃，极端最高气温不超过32 ℃，极端最低气温不低于2 ℃，无霜期每年260天以上。

3. 光照　光照充足，早朝阳。

4. 空气湿度　空气湿度70%～80%，年降雨量1 200～1 800 mm。

5. 环境条件　生态环境良好，无污染；坡度15°～60°；坡向可选东向、东南向、南向或全坡，以东南向的坡谷为最好。

6. 水质　有充足的山泉水。

7. 其他条件　交通条件便利，通电或距离可接电设施较近。

二、栽培园地建设

（一）天然林

1. 园地及附主树选择　选择树种为常绿阔叶灌木或小乔木的天然林，树种以栎树、杨梅树为最佳，要求树干适中、树冠茂盛、树皮疏松（有纵裂纹）、易管理。

2. 园地清理　调整郁闭度及通风度：对过密枝叶进行适度修剪，调整郁闭度至

0.6～0.8，40 cm以下二级分枝全部疏除，清除地面杂草，注意将对天然林的破坏程度降低至最小，清理的树枝、树叶及杂草集中烧毁。

（二）移活树种植

1. 树种选择　选择在紫皮石斛栽培区域易移栽成活、适宜紫皮石斛附生的米团花树、八角树。

2. 移植及整形

（1）米团花树：在雨季移植，选择直径10 cm左右的为宜、株行距4.5 m×4.5 m按45°角斜栽。

（2）八角树：在雨季将树苗按株行距5 m×6 m种植，当树苗长至60～80 cm时剪去主枝整形，促其长成自然开心型。

三、配套设施建设

建设水池、药肥配制池、灌溉管网、电力、管护房、栅栏等配套设施，水、肥、药实现自动化喷灌。

四、基质配制

以木炭颗粒（粒径1～2 cm）+林下腐殖质（除去粉末）+腐熟农家肥+刨木花（长宽3 m×2 cm）+椰壳（长宽4 m×3 cm）配制，比例为1:1:1:1:1。来料和处理过程要求清洁、无污染，进行高温熏蒸处理。

五、种苗培育

采用扦插育苗方法培育优良种苗（具体育苗方法见本章第一节种苗培育中扦插育苗技术）。

六、移栽

1. 时间　5～7月。

2. 方法

（1）种苗固定：将培育好的种苗两苗一丛用棉线呈螺旋状自上而下固定在树干上，最底一行距地面60 cm，丛距15～20 cm，种苗露出茎基，保护根、芽，新根尽可能的接触树皮，自然湿度较低的基地可在种苗根部固定苔藓覆盖保水，注意露出种苗茎基。

（2）基质固定：次年开春前在石斛苗根部用棕片包裹固定准备好的基质，注意基质覆盖住石斛根的1/3。当基质腐烂时要及时更换基质，为紫皮石斛根系生长创造通透的基质环境。

七、水肥管理

（一）水分

1. 移栽当年生长期　移栽后一个月，晴天每天浇水一次，于傍晚进行，以浇透为原则，雨天不需浇水。一个月后一般不需要人为浇水，若遇特殊年景应根据季节、天气情况及石斛需水情况合理补充水分。

2. 次年及以后生长年限　开春气温回升至雨水来临期间及时补水，采用"少量多次"原则，根据实际情况可每日浇水一次或间隔一日、间隔两日浇一次水等。总的原则是"按需及时适量补水"。

3. 雨季及休眠期　不需补水。

（二）肥分

1. 肥料制备　①农家肥：沼液、猪牛羊粪等。沼液取正常产气的沼液原液封闭放置一个月以上。猪牛羊粪等充分发酵腐熟。②绿肥：用青蒿、苕子等切成2 cm左右的小段放入发酵池封闭发酵3个月以上。③微生物肥和生物有机肥：购买获得国家农业部正式登记或有权威有资质的检测单位检测合格的有机微生物菌剂（液体）、微生物肥料（颗粒或粉剂）和生物有机肥（颗粒或粉剂）。

2. 施肥技术　①移栽当年生长期：移栽一星期后，种苗根系开始生长，逐步固定于树干上。一个月后可进行施肥，可施腐熟牛粪、发酵绿肥、沼液、微生物肥。具体施用方法可采用：根尖部涂抹腐熟牛粪或发酵的青蒿等绿肥，将腐熟牛粪或发酵的青蒿等绿肥调成浆糊状涂抹于种苗根尖部，注意覆盖根部不超过整体根系的1/3，也可将腐熟牛粪和发酵绿肥混合施用。叶面喷施沼液或微生物肥，沼液取经处理原液按1∶5（前2个月）、1∶3（后几个月）兑水喷施，微生物肥按相关使用说明进行喷施，沼液及微生物肥可进行单一使用或交替使用，间隔5～7天使用一次。同时在进行病害预防时结合喷施0.3%磷酸二氢钾溶液，注意叶面喷施沼液或微生物肥与病害预防不能混合进行，要错开施用时间，间隔时间为7～10天。叶面肥喷施覆盖裸露的根部，具灌根的作用和功效，收效极佳。② 次年及以后生长年限生长期：a. 幼苗期：3～5月幼苗期，新芽开始萌发。根部施肥：移栽次年在基质固定时基质配比中已含腐熟猪牛羊粪农家肥，无需增施其他根部基肥，以后生长年限每年可根据长势适量增施腐熟猪牛羊粪、生物有机肥颗粒、发酵绿肥等，可单独施用，亦可混合使用。叶面肥：喷施沼液、微生物肥和0.3%磷酸二氢钾溶液，沼液兑水比例为1∶5，其他施用方法同前述。b.中苗期：5～7月中苗期，植株生长发育较快，叶面喷施沼液、微生物肥和0.3%磷酸二氢钾，沼液兑水比例为1∶3，其他施用方法同前述。c. 旺长期：7～8月营养生长旺盛期，茎逐渐增粗。根部施肥：根据长势适量增施腐熟猪牛羊粪、生物有机肥颗粒、发酵绿肥等，施用方法同前述。叶面肥：同中苗期叶面肥施用方法。d. 成熟期：8月底以后，进入干物质积累期，叶面单独喷施磷酸二氢钾，当茎尖增粗呈饱满的圆形时停止施用。

八、病虫害防治

遵循"预防为主，综合防治"的植保方针，以农业防治为基础，综合运用物理、生物防治。

（一）病害防治

1.常见病害 炭疽病、锈病、立枯病、疫病、黑斑病、叶斑病。

2.防治措施

（1）增加透光度及通风，及时疏除附主树过密枝叶、清理地面杂草，并集中烧毁处理。

（2）地面普撒生石灰，每2～3个月一次，每亩每次100kg以上。

（3）在管理过程中加强观察，发现病叶或病株及时摘除或拔除，并带出基地集中销毁。

（4）用"25%阿米西达1500倍液+0.3%磷酸二氢钾溶液""2%农抗120水剂200倍液+0.3%磷酸二氢钾溶液""0.3%苦参碱1200倍液+2.6%极可善（甲壳素）600倍液"交替进行防治。幼苗期间隔15～20天一次，中苗期、旺长期正值雨季，间隔7～10天一次。中苗期、旺长期和病害发生较重时用药浓度可适量增加。叶面肥喷施与病害防治要错开施用时间，间隔7天。

（二）虫害防治

1.常见害虫 夜蛾类害虫（地老虎等）、金龟子、蚜虫、蚧壳虫、蝗虫、软体动物（蜗牛、蛞蝓）。

2.防治措施

（1）增加园地透光度及通风，保护生态环境及害虫天敌。

（2）移栽石斛前用0.6%苦参碱1 200～1 500倍液防除害虫虫卵及幼龄害虫。

（3）树木主干60 cm以下（开始种植石斛以下部位）用配制涂白剂（生石灰10：水30：食盐1：黏土1：石硫合剂原液1，现配现用）涂白。

（4）每亩悬挂3～5个诱捕箱，用"澳宝丽－65%夜蛾利它素饵剂（1：1兑水稀释，加5 g灭多威，100 mL/瓶分3份投放3个诱捕箱）"进行夜蛾类及其他害虫成虫诱杀（经试验对夜蛾类成虫、金龟子等多种害虫诱杀效果极佳）。

（5）用植物源杀虫剂"蜗鲨"（60%茶叶提取物）200倍液喷雾（注意在晴天日落后或阴天喷施）及地面普撒食盐（配合撒生石灰）。

（6）在园中放养鸡（剪去翅膀）、鹅啄食蜗牛、蛞蝓、蝗虫等害虫。

（7）用柑橘皮加水10倍左右浸泡一昼夜，过滤后喷雾防治蚜虫、红蜘蛛。

（8）人工辅助防除害虫。

九、采收

1.采收时间 紫皮石斛以采收当年生鲜条为主，秋末冬初，紫皮石斛当年生鲜条发育充实饱满，营养物质充分积累，叶片自然脱落殆尽，灰白色的叶鞘附着在茎干上，俗称

"白条"，此时为最佳采收时间（图4—9）。

2. 采收标准　一般采收长度大于15 cm以上的"白条"。栽培第一年适量采收，采收达标的"白条"，若全部达到采收标准，则每丛保留1～2条以保障新芽萌发营养供给；第二年及以后生长年限达采收标准的全部进行采收。

3. 采收方法　用利刃自茎基带肉质部分1～2个节以上部位切下，按茎粗、长度进行分级扎把。

图4—9　采　收

第五节　病虫害防治

一、综述

龙陵紫皮石斛喜温暖、湿润、半阴的环境，由于茎叶肥厚，营养丰富，生性娇弱，易遭病虫危害，特别是病害发生时，受害部分会发生腐烂，有时会引起整株死亡，加之病虫发生时高温高湿的环境条件，病虫害繁殖快，难以控制与防治。

病虫害防治应遵循"预防为主，综合防治"的植保方针，以农业防治为基础，综合运用生物、物理、化学等手段将病虫害控制在不成灾水平。施用农药应按照《中华人民共和国农药管理条例》的规定，采用最小剂量并选用高效、低毒、低残留农药，以降低农药残留和重金属污染，确保石斛产品安全及保护生态环境。

1. 检疫　对从外地引进的石斛种苗和购入的石斛产品开展植物检疫，杜绝石斛检疫病虫害的传入。

上，夜间最低温度不低于5 ℃此病均可发生，发病最适宜温度25～30 ℃，雨水对该病的发生和蔓延起决定性作用，分生孢子需雨水冲溅才能飞散传播；孢子落到石斛叶片表面后，又需水膜才能萌发侵入，因此，6～8月份雨水较多，排水不良发病比较普遍。

【防治措施】保证苗床清洁无菌，保证棚内通风透气、空气流通、光照充足；发病时要严格控水；及时摘除病残枝，并集中烧毁；预防及发病初期用75%甲基托布津1 000倍液或25%阿米西达10 mL+10%世高10 g兑水15 kg喷雾。防治用75%甲基托布津1 000倍液喷雾，发病较重的地块用25%腈菌唑5 000倍液、65%代森锌600倍液喷雾，间隔7～10天连续使用两次。

图4—10　龙陵紫皮石斛炭疽病

锈　病

【病　　原】铁锈病的病原为驼孢锈菌（*Hemilleia*），褐锈病的病原为夏孢锈菌（*Vredo japonica*）。

【发病症状】铁锈病：病原菌入侵后，叶端背表层鼓起许多芝麻粒大小的铁褐色凸状物。数日后，凸状物破裂，露出锈色粉状物，即病状孢子。孢子随风飘扬，重复侵染植株。由于早期病斑细小，色彩不明显，因此在叶面上不易觉察到。到能发现病斑时，其病菌孢子已扩散了。这就给病情测报、防治带来了很大的困难。褐锈病：发病最初在叶面边缘出现淡褐色至橙黄褐色的细小斑点，然后逐渐扩大，蔓延成片，直到叶片枯落。病斑连成片时，褐色转黑，斑缘常有黄晕（图4—11）。

【发病规律】锈病必须在叶片有水滴、水膜或空气温度饱和的条件下才能萌发。因此，有雾、下雨都有利于锈病的发生，锈病发病的适宜温度为9～16 ℃，最低温度2 ℃，最高温度26～30 ℃。同时一般石斛种植区地势低洼、基质黏重、排水不良，氮肥偏施过多，石斛叶片茂密旺盛，均有利于病菌的侵入和危害。发病较为严重。

【防治措施】防止根部基质过湿，控制浇水，疏松基质以利通气，加强小环境的空气流通；零星发病及时摘除病叶，控制传染；经常检查叶背面，喷药防病时注意喷及叶背面。预防或发病较轻地块用25%阿米西达10 mL+10%世高10 g兑水15 kg喷雾。发病较重的地块用25%三唑酮1 000倍液喷雾。

图4—11 龙陵紫皮石斛锈病

疫　病

【病　　原】为恶疫霉[*Phytophthora cactorum*（L. ebert et Cohn）Schrot]和终极腐霉（*Pythium ultimum* Trow.）。

【发病症状】石斛根、茎、叶均受害。多从成熟叶片的中段侧缘发生，因各地气候与生态条件的不同而不同，有的先从叶基或叶端开始，受害早期，叶色不变，受害部位像被揉搓受伤状，产生深绿色水渍状斑点，在潮湿的环境下迅速扩大，腐败变黑，呈湿性腐烂状，造成落叶，病斑边缘无明显界限，雨后或有露水的早晨，病斑边缘生出一圈浓霜状白霉，叶背特别明显，是鉴定石斛疫病的重要特征。受害严重时，叶片如开水烫过一样，整片焦黑腐烂，发出特殊的腐败臭味，在晴燥天气，病斑干枯呈褐色，无白霉产生，干燥后呈黑色，未直接受害的部分组织，因输导组织被破坏而枯萎，并变为黑色（此病可采用保湿培养法鉴定）。疫病与黑腐病在晚期的斑色虽然相同，但是疫病的受害部位与早期斑色却不同（图4—12）。

【发病规律】石斛疫病病菌孢子在相对湿度85%以上，温度18～22 ℃容易萌发，所以天气朝湿、多雨雾，最适宜病害的发生和流行；反之，气候干燥、雨水少，病害就不发生或很轻。石斛生长中后期温度条件一般能满足发病要求，故雨水湿度对此病害的发生起决定性作用，通常地势低洼、排水不良、湿度过大、偏施氮肥，或基质瘠薄、营养不良、植株衰退、抗病力下降，有利于疫病的发生。

【防治措施】选用无病种苗；加强管理，保证棚内通风透气、空气流通、光照充足；发病时要严格控水；加强田间检查，发现零星病株及时拔除，同时做好隔离，防治扩散；预防用25%阿米西达10 mL+10%世高10 g兑水15 kg或70%甲基托布津1 000倍液喷雾。防治用25%甲霜灵可湿性粉剂600倍液或40%疫霉灵可湿性粉剂250倍液喷雾。发病较重地块用25%腈菌唑5 000倍液或65%代森锰锌800倍液喷雾，间隔7～10天连续使用2次。

图4—12　龙陵紫皮石斛疫病

枯尖病

【病　　　原】待查证。

【发病症状】枯尖病病菌侵染叶端时，叶端出现圆形或不规则形的褐色斑。一旦病斑密集连成片，叶端便枯死，病斑上即长出黑色孢子囊。一般从心叶开始发病，心叶枯萎腐烂，并有刺鼻腥味。该病的最大特点是，病斑与健康组织的界限非常整齐（图4—13）。

【发病规律】田间气温在15～17 ℃以上开始发病，25～28 ℃最适病菌生长，潜伏期短，病菌侵入至病状表现只需3天左右，超过30 ℃的连续高温不利于发病，本病发生所需的相对湿度条件是85%～100%，叶面上出现一层水膜，则有利于菌脓扩散和病菌侵入，故本病在气温25 ℃以上，雨日多、雨量大就适宜病害的发生和流行。

【防治措施】控制氮肥施用量，注意肥料养分施用平衡；加强水分管理，气温低时上午浇水，气温高时下午浇水，雨水过多时注意防水；预防用25%阿米西达10 mL+10%世高10 g兑水15 kg喷雾。防治用75%百菌清600倍液或70%甲基托布津1 000倍液喷雾，间隔7～10天连续使用2次。

图4—13　龙陵紫皮石斛枯尖病

煤污病

【病　　原】为多主枝孢（*Cladosporium herbarnm*）和大孢枝孢（*Cladosprium macrocarpum*）。

【发病症状】发病时，整个植株叶片表面覆盖一层煤烟灰黑色粉末状物，严重影响叶片的光合作用，造成植株发育不良（图4—14）。

【发病规律】病原以菌丝体、襄壳及分生孢子在植株上或树上过冬，3～5月是该病的发病期，以贴树法、移活树种植的发病多，由蚜虫、蚧壳虫传染此病。

【防治措施】清除病原，防治蚜虫、蚧壳虫和粉虱类害虫；发病时，用湿布擦发病部位，把表皮上附生的一层病菌去掉，使叶片恢复原状，如受害严重则整株拔除；用50%多菌灵1 000倍液或其他杀菌药物进行防治，同时防治蚧壳虫、蚜虫和粉虱类害虫。

图4—14　龙陵紫皮石斛煤污病

立枯病

【病　　　原】立枯丝核菌（*Rhizoctonia solani* Kuhm）

【发病症状】石斛生长前期感染，在石斛茎基部出现湿润状黄褐色，后为黑褐色的病斑，并腐烂有异味，称为茎基腐烂。石斛生长中后期感染，根、茎表皮变褐色，主根粗短或细长、侧根少、茎根维管束变深褐色，发病前期表现植株矮小、黄化、叶片由下而上逐渐变黄、干枯脱落，根、茎变褐、腐烂，终至全株枯死。如果成熟株叶失神，有青度邹缩萎靡，或叶尖焦枯，或新芽迟迟不发、生长异常缓慢，则有根腐病发生的可能。检查时如果再发现根基、根尖或其他部位，出现环形或长环状褐色斑，斑上有明显的充水腐烂迹象，略带有白色或褐色附着物（即病菌），即可确定其患有立枯病。如果用力挤压褐斑，便会溅出水来（图4—15）。

【发病规律】病菌主要随病株在基质上越冬，病菌主要是靠田间雨水流散，其次借风雨或田间操作传播。病菌接触石斛后，主要从伤口侵入，也可以从表皮直接侵入。本病的发生轻重与气候条件有关，如遇大雨后猛晴或连续降雨，本病往往发生较重；再次，种植密度过大、氮肥过重，叶肥厚，通风透光性不良，也是造成根腐、茎腐的主要原因之一。

【防治措施】选用无病、无破损的健康种苗，严格剔除变色、霉烂和破伤的种草；有机肥施用经充分腐熟；雨水过多时，注意防水，避免基质湿度过大，并且做到地面沟无积水；收获时，必须选择晴天收获，剪口不能破损，以减少病菌传染，并及时对伤口进行消毒杀菌，使之快速愈合；及时拔除和销毁感病植株；用1 600万单位农用链霉素1 200倍液、50%甲霜锰锌600倍液浇根。进入雨季用甲壳素0.15 kg+甲霜•恶霉灵2 mL+蜡杆菌素10 mL+2 000万单位农用链霉素5 g兑水15 kg浇根，间隔7～10天连续使用2次。

图4—15　龙陵紫皮石斛立枯病

黑斑病

【发病症状】发病时嫩叶上呈黑褐色斑点，斑点周围显黄色，逐渐扩散至叶片，严重时黑斑在叶片上互相连接成片，最后枯萎脱落（图4—16）。

【发病规律】本病害常在春末初夏（3～5月份）发生。

【防治措施】保证棚内通风透气、空气流通、光照充足；发病时要严格控水；及时摘除病残枝，并集中烧毁；预防用25%阿米西达10 mL+10%世高10 g兑水15 kg或70%甲基托布津1 000倍液喷雾。防治用65%代森锰锌800倍液喷雾。

图4—16　龙陵紫皮石斛黑斑病

黑腐病

【病　　原】腐霉菌（*Pythium ultimum* Trow）

【发病症状】受害叶片的中段边缘出现细小的湿性褐色斑点，然后迅速扩大，连接成片，继而病叶枯黄脱落。如果不及时剪除病叶并施药治疗，病菌将扩染叶鞘、鳞茎及根部，乃至使整簇枯烂。该病的另一种症状是自根群开始黑腐，向上延伸至茎、叶鞘和叶柄，使叶片黄化枯落。

【发病规律】病原多由果蝇及接触传染，具有较强的传染力。多从新株中的心叶开始发生危害。

【防治措施】严格杀菌消毒，以消除病原，阻断传播途径；拔除和销毁病株；用25%阿米西达10 mL+10%世高10 g兑水15 kg或代森锰锌800倍液喷雾，每隔7～10天1次。

白绢病

【病　　原】罗尔夫小核菌（*Sclerotium rolfsii* Sacc）

【发病症状】受该病菌侵染的植株，在基质表面和植株基部出现网状白色菌丝，引起腐烂，直到叶片脱水枯落。

【发病规律】白绢病的菌核在土壤和植株残体上越冬。春末至秋末均可发病，而以高温高湿的雷阵雨天气时更容易发病，特别是在基质呈酸性（pH值3～5）的条件下，发病最为严重。该病发病迅速，传染快，毁灭性大，是世界性的兰科病害。

扩散的水渍状。斑体的两面呈失绿样透明。早期斑体没有异色点缀；中期斑体背面有微凹现象，并出现少许淡褐色不规则的斑中斑；晚期病斑颜色加深，如日灼焦状，斑体和斑外绿色叶体同时出现皱缩纹，叶缘后卷，并失去光泽，以后逐渐干枯死亡。该病属无法根治的病害，因而被称为兰科的"艾滋病"或"癌症"。该病不仅无法根治，而且还会遗传传染。传染途径主要是通过伤口接触方式传染（图4—18）。

【发病规律】病毒病与蚜虫均受外界环境影响，如气温高、日照延长，病毒在石斛体内的潜育期短，发病就严重，相反温度较低，日照缩短，则潜育期延长，病害受到抑制，蚜虫在温暖干燥的环境条件下繁殖快，相应地加速了病毒的传染，因此，石斛如遇温暖干燥的气候条件，病情加剧。

【防治措施】主要是以防治蚜虫危害为主，同时施用防治病的药物；引种不带病毒的种苗；喷施叶面肥，增强植株对病毒的抵抗能力；及时拔除病株烧毁，对修剪工具进行严格消毒；用柑橘皮加水10倍左右浸泡一昼夜，过滤后喷洒植株防治蚜虫；及时防治蚜虫、飞虱、蚧壳虫、螨类等害虫，用吡虫啉8 g+氨基酸寡糖素15 g兑水15 kg均匀喷洒叶片正反面；使用防治病毒病的药剂，可用20%病毒A500倍液、1.5%植病灵1000倍液或4%标碘15 mL兑水15 kg喷雾。

图4—18 龙陵紫皮石斛病毒病

虫　害

龙陵紫皮石斛目前并没有发现特有的害虫，但不是没有虫害。危害石斛的害虫主要有蚧壳虫、蚜虫、蜗牛、蛞蝓、地老虎等，主要危害幼尖或叶片表面，吸食汁液，咀食叶片，影响幼茎生长，传播病害。防治方法采用高效、低毒、无残留的生物杀虫剂或非有机磷农药进行防治。

蚜　虫

【危害症状】石斛蚜虫成虫和若虫均群集叶片茎条，危害茎叶，吸食汁液，并分泌一些粘性物质并粘覆灰尘粉粒，影响光合作用，常使叶片、嫩茎、幼苗卷缩、变黄、煤污、花梗扭曲变形影响结实，严重时停止生长，茎叶萎蔫。有蚜虫危害的植株有蚂蚁走动（图4—19）。

【防治措施】用柑橘皮加水10倍左右浸泡一昼夜，过滤后喷洒植株；用10%吡虫啉1 000～1 200倍液喷雾。

图4—19　蚜　虫

蚧壳虫

【危害症状】石斛蚧壳虫附着在茎干或叶背面，成虫、若虫吸食叶片、茎、根及幼苗汁液，早期不易发现；受害叶片自下而上褪色变成黄、红、紫色，严重时全部叶片变色、软化、下垂枯萎，最后全株枯死；受害根部变为黑褐色，逐渐腐败，致使植株生长势衰弱；幼苗受害后发育不良，甚至枯萎；被害严重的植株，长势衰弱，耐寒力显著下降，遇寒潮低温往往容易死亡（图4—20）。

【防治措施】清除病株，虫口密度小时，可用工用毛巾或毛刷轻轻除去；在5～6月份若虫孵化期用50%辛硫磷乳油加入食用米醋125～250倍液进行灭杀。

图4—20　蚧壳虫

蜗牛、蛞蝓

【危害症状】在石斛整个生长期都可危害，初孵幼螺只取食叶肉，残留表皮，稍大个体用齿舌将叶、茎舔磨成小孔或将其吃断，或叶片形成不整齐缺刻或残留叶脉。严重时幼株死亡（图4—21、图4—22、图4—23）。

【防治措施】清洁园地、铲除杂草，排干积水，破坏蜗牛栖息和产卵场地；在栽培床、槽和栽培棚周围撒石灰、灶灰或食盐，防治蜗牛和蛞蝓爬入危害；用生物杀虫剂蜗鲨（60%茶叶提取物）200倍液喷施进行防治；用水浇湿墙面，每隔5 m浇湿1 m²，用5%四聚乙醛10～20 g放在菜叶上置于浇湿的墙面上集中捕杀。

图4—21 蜗 牛

图4—22 蛞 蝓

4—23 被蛞蝓舔食的叶片

金龟子

【危害症状】咬食石斛叶片、危害石斛嫩茎、叶片（图4—24）。

【防治措施】利用灯光诱杀；利用新鲜牛粪+青草+食用醋诱杀；用炒香的1 kg麦麸+适量红糖、醋+30倍液敌百虫0.03 kg制成毒饵，放在菜叶上置于墙面或地上，每隔10 m放15 g诱杀；用澳宝丽—65%夜蛾利它素饵剂（1∶1兑水稀释，加5g灭多威，100 mL/瓶分3份投放3个诱捕箱）诱杀。

图4—24 金龟子

螟 虫

【危害症状】以幼虫钻入石斛嫩茎内危害，吸食茎汁，使叶片枯萎，茎条停止生长，严重时整株死亡（图4—25）。

【防治措施】建园时彻底清除虫源；发现受害植株，剪去茎的受害部分；灯光诱杀成虫；人工摘除卵块。

图4—25 螟 虫

红蜘蛛

【危害症状】若虫常群集于紫皮石斛的叶背上，以刺吸式口器吮吸汁液而危害植株。初期症状为叶片失绿、叶缘向上卷翻，以致枯萎、脱落，萎缩，严重时植株死亡（图4—26、图4—27）。

【防治措施】用柑橘皮加水10倍左右浸泡一昼夜，过滤后喷洒植株；取50 g草木灰，加水2 500 g充分搅拌，浸泡两昼夜过滤喷洒，每天一次，连续3天，隔一周再喷洒3天，对第二代害虫杀灭效果好。

图4—26 红蜘蛛

图4—27 被红蜘蛛危害的叶片

夜蛾类害虫

【危害症状】1～2龄幼虫啃食叶片下表皮和叶肉，仅留上表皮及叶脉、成窗纱状；4龄后蚕食叶片成孔洞和缺刻。幼虫还可钻入紫皮石斛茎干内，将内部吃空，排出粪（图

4—28、图4—29）。

【防治措施】建园时用澳宝丽—65%夜蛾利它素饵剂（1∶1兑水稀释，加5 g灭多威，100 mL/瓶分3份投放3个诱捕箱）诱杀成虫，从根本上进行杀灭；人工捉杀危害的幼虫；灯光诱杀成虫。

图4—28　夜蛾幼虫

图4—29　夜蛾成虫

地老虎

【危害症状】主要咬食植株近基质表面的柔嫩组织，幼苗期被危害，常出现大量断苗（图4—30、图4—31）。

【防治措施】在早晨扒开被害植株根部附近的基质，人工捕捉幼虫或老熟幼虫，也可在黄昏时借助照明设施进行捕杀；用炒香的1 kg麦麸+适量红糖、醋+30倍液敌百虫0.03 kg制成毒饵，放在菜叶上置于墙面或地上，每隔10 m放15 g进行毒饵诱杀幼虫；3～5月成虫羽化高峰期黄昏时用灯光进行诱杀；用澳宝丽—65%夜蛾利它素饵剂（1∶1兑水稀释，加5 g灭多威，100 mL/瓶分3份投放3个诱捕箱）诱杀成虫。

图4—30　地老虎幼虫

图4—31　地老虎成虫

第五章

龙陵紫皮石斛

枫斗及现代产品

紫皮枫斗的加工一般分为原料整理、低温烘焙、造型、定型、干燥等工序，紫皮枫斗加工的质量主要靠加工者的经验累积，各工序均以手感判断为主，同样品质的石斛鲜条在不同的加工者手中，加工出来的枫斗差异很大。

第一节　龙陵紫皮石斛枫斗

一、加工生产概况

（一）枫斗加工概况

龙陵县是全国石斛枫斗加工的主要基地，有较好的产业基础，据中国中药协会石斛专业委员会2012年10月统计，龙陵县石斛栽培面积有1.3万亩，占全国12.56万亩的十分之一，已形成了一个具有较好发展态势的行业。

龙陵县高度重视枫斗加工技术培训和推广，2010年以来组织培训12 301人。石斛种植、枫斗加工是龙陵县的特色产业，主要加工紫皮枫斗、铁皮枫斗、水草（兜唇石斛）枫斗，年加工石斛枫斗400 t，实现加工收入4.2亿元，成为部分地区农民收入的主要来源。

（二）龙陵县枫斗加工历史回顾

1983年，浙江乐清双峰乡大荆镇药商陈江福、陈金玉等开始到龙陵分级收购"紫草"，并从浙江带来熟练工人就地加工石斛枫斗。

1990年，龙陵县城姑娘邹美菊帮忙分捡石斛，业余时间学习枫斗加工技术，成为龙陵第一个学会加工石斛枫斗的人。1994年龙陵县云河石斛生物科技有限公司开始召集12个工人学习枫斗加工技术，请居住在公司里的石斛收购合作浙商张佩娟作为老师教授技术，学员初步掌握了石斛枫斗加工技术。

2010年9月，龙陵县人民政府利用扶贫、农业、人社等项目委托龙陵县农广校组织52人，进行为期一个月的石斛枫斗师资班培训，聘请浙江枫斗加工师傅谢乐雅、张佩娟等8人担任师资班实作课老师，理论课由浙江石斛世家雁吹雪股东张征等人担任。师资班学员为龙陵本地有一定枫斗加工水平的人员组成，由各乡镇选送，毕业后通过国家统一考试获得了中华人民共和国人力资源和社会保障部职业资格证书《中草药生产管理员》。2010年后龙陵县农广校、龙陵县益民职业培训学校继续争取扶贫、人社等国家项目组织石斛枫斗加工培训，培训时间一个月，培训结束后由中介机构云南省32、246鉴定所进行考试，考试合格颁发中华人民共和国人力资源和社会保障部《职业资格证书》，证书分为初级、中级、高级三种。2013年由龙陵县农广校、富民石斛专业合作社组织龙陵县石斛枫斗加工人员进行枫斗加工等级考试，通过考试主办单位颁发定级证书，证书分为特级、一级、二级、三级四个级别，企业、合作社用工时根据等级核发工资，并定期组织健康体检，等级考试。2010年以来，龙陵县共培训枫斗加工人员近2万人，通过国家统一考试合格的持证人员有12 301人，其中特级师傅64人，一级师傅268人，二级师傅1 280人，其余为三级师傅。

2011年，龙陵县云河公司获得"紫皮石斛纹路枫斗及制法"发明专利，龙陵县富民石斛专业合作社获得"一种紫皮石斛叶枫斗"发明专利。

2014年12月，龙陵县举办了首届石斛枫斗加工技艺比赛，各乡镇组队参加，参赛选手近200人，以后每年定期组织枫斗大赛。

（三）龙陵县枫斗加工生产管理

龙陵枫斗加工严格执行国家食品生产管理与安全卫生及相应的法规与标准。枫斗加工原料必须具有质量安全检测合格证，枫斗加工人员定期组织体检，办理健康证，参加技能提升培训，加工场所清洁、通风。

由于龙陵的枫斗加工规模逐渐扩大，2013年以来不断有龙陵周边县市人员和缅甸籍加工人员涌入龙陵加工枫斗，为进行规范缅籍人员管理，龙陵县成立了为缅甸籍枫斗加工人员上门服务工作组，由县政府牵头，组织县石斛协会、县公安局、县卫生局、县人社局、县外事办工作人员组成工作组到各乡镇加工点为缅籍人员进行健康体检，并办理健康证、暂住证、务工证等。

二、加工技术

紫皮枫斗的加工一般分为原料整理、低温烘焙、造型、定型、干燥等工序，紫皮枫斗加工的质量主要靠加工者的经验累积，各工序均以手感判断为主，同样品质的石斛鲜条在不同的加工者手中，加工出来的枫斗差异很大。

（一）鲜条分拣整理

将紫皮石斛鲜条（又叫白条）除去泥沙杂质，将茎秆按粗细、长短分类，待处理（图5—1、图5—2）。

图5—1 鲜条除叶整理　　　　　　　　　　　图5—2 鲜条分拣整理

（二）清洗摊晾

将分拣后的紫皮石斛放入清洗池内，用洁净的饮用水将泥沙、杂质冲洗干净，然后置于竹筛中摊开，置于避光、通风、干燥处摊晾1～2天（图5—3）。

图5—3　鲜条清洗摊晾　　　　　　　　　　　图5—4　一次烘烤

（三）紫皮枫斗加工工具

火盆或电热式烤盆（直径50～60 cm）、钢筛（直径60～80 cm）、尖嘴钳子、剪刀、木炭（或机制炭）、引燃物、打火机、铲子、枫斗加工专用固定纸等。

（四）烘烤准备

将大盆置于支架或空心砖上，盆底垫一层7～10 cm厚的灶灰，再把木炭放于盆中央引燃，在燃起的木炭上面盖上灶灰，四周盖厚一点，中央部分盖薄一点，使火盆中央温度最高（60～80 ℃），周边温度逐渐降低。或准备电热式烤盆一个。上面放好钢筛。

（五）紫皮枫斗制作过程

1. 一次成型

（1）一次烘烤：将紫皮石斛鲜条放入钢筛上。烘烤50～60分钟，烘烤过程中要适时进行翻动（图5—4）。

（2）挑选：一般是茎尖、基部及茎较细的部分先烘烤至含水量在35%左右，手捏不硬也不太软，便可以进行加工（图5—5）。

（3）剪段：用剪刀与茎秆成45°剪成3～10 cm的小段（图5—6）。

图5—5　干条挑选　　　　　　　　　　　　　图5—6　干条剪段

（4）一次成型：将剪好的茎段用左手拇指、食指捏住，右手拇指和食指顺着逆时针方向反搓一下，再按顺时针方向，沿鲜条的纹路呈螺旋状盘绕，再用拇指压下尖端，形状保持两头小中间大，若鲜条硬还需要用尖嘴钳夹一下再捏，最后用加工专用固定纸条十字形箍紧固定形状，继续在温度为50℃的火盆上烘烤2～3小时（图5—7、图5—8、图5—9、图5—10）。操作要点：火盆温度不能过高，扭草时草不能破裂。

图5—7　揉　　捏

图5—8　揉捏成型

图5—9　加箍（过去做法）

图5—10　专用纸加箍（现在做法）

2. 修复与再次成型

（1）再次烘烤：将做好的石斛枫斗放在钢筛上面烘烤，温度控制在40～50℃，上面用棉布覆盖保温，并注意时常翻动，注意观察捆绑的加工专用固定纸条变硬，其里面的枫斗变小、变软时就可以进行下一步的修草（图5—11）。

图5—11 适宜温度烘烤

（2）修复：即把捆绑枫斗的加工专用固定纸条解开，在原来的形状上进行紧固，螺旋状变形的再把其捏成螺旋状，使枫斗紧实、无空心、无松散现象再绑紧，继续烘烤使其定型。方法是用双手的拇指和食指捏住草，同时双手向相反的方向旋转，并向中间用力挤压，变形的要注意矫正，使其变成饱满的螺旋状，保持两头小中间大，再用加工专用固定纸条箍紧固定后烘烤2～3小时（图5—12、图5—13）。当枫斗的含水量达到12%～14%时（手感枫斗较硬、干燥）捡出放到指定容器内，停止加热。

图5—12 修 复

图5—13 修复操作

3. 再次修复成形烘干　将干燥度不够、螺旋形不好的枫斗进行再修复让其达到标准，方法同上，继续烘烤成型，达到干燥标准时停止烘烤。

（六）解箍和冷却

将烘干的枫斗去除加箍的专用纸条，把干燥好的枫斗分级，放在密闭储存器中保存，放在阴凉干燥处即可（图5—14、图5—15、图5—16）。

图5—14 解箍

图5—15 解箍后摊晾

图5—16 摊晾

（七）抛光

打磨和抛光除去外表鞘膜，通风干燥（图5—17、图5—18）。

图5—17 打磨

图5—18 抛光除尘

（八）加工注意

1. 加工原料品质好，生长过程中严格按照绿色农产品操作规范进行种植、成熟的鲜条。

2. 鲜条剪成小段时，不要把断点选择在节上。

3. 烘烤时不能发泡肿胀、烤焦。

4. 保持通风，加工过程中要通风，防止中毒或身体不适。

5. 加工好的枫斗要放在通风、干燥、阴凉的地方，防止发霉。

6. 好工艺的标准：圆、净、均、紧。

（图5—19）

图5—19　从鲜条到枫斗

三、等级标准

枫斗的质量因受到石斛是否出自道地产地，生长环境的差异，原材料是否成熟，鲜条的大小、部位不同，黏液质（或渣）的多少，以及加工工艺造成的松紧、色泽、颗粒大小是否均匀，甚至加工过程中有无带入异味等因素的影响，可以将枫斗商品分成特级、一级、二级等不同等级，各等级价格也不尽一致，供消费者选用。

图5—25　铁皮枫斗（浙江）　　　　　　　图5—26　铁皮枫斗（云南）

（三）霍　斗

别名：霍枫斗、霍山石斛枫斗、金霍斗。

本品由霍山石斛*Dendrobium huoshanense* C. Z. Tang et S. J. Cheng茎加工而成。

性状：本品呈盘曲团状或圆筒形弹簧状，盘曲团状者具3～5个旋环，长0.4～0.8 cm，直径4～6 mm；弹簧状圆筒形者具3～6环，长0.5～1 cm，直径3～5 mm；茎直径1～2.5 mm。表面黄绿色或棕绿色，有细皱纹和膜质叶鞘，一端为根头，较粗，具须根数条（习称"龙头"），另一端为茎尖，细尖（习称"凤尾"）。质硬而脆，易折断，断面平坦，灰绿色至灰白色。气微，味淡，嚼之有黏滞感，无渣（图5—27、图5—28）。

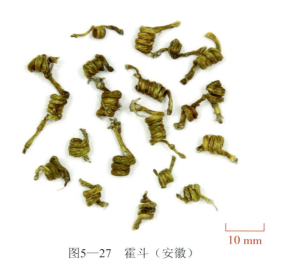

图5—27　霍斗（安徽）　　　　　　　图5—28　霍斗（江苏）

（四）铜皮斗

别名：铜皮枫斗、细茎石斛枫斗、黄铜皮。

本品由兰科植物细茎石斛*Dendrobiaum moniliforme*（L.）Sw.茎加工而成。

性状：本品成螺旋团状者或弹簧状，螺旋团状者环绕紧密，颗粒整齐，多数具3～6环，长0.9～1.5 cm，直径0.7～1.1 cm，表面黄绿色，有细纹和膜质叶鞘。弹簧状，颗粒具3～5环，长0.3～0.6 cm，直径0.4～0.5 cm，表面黄绿色，两端均为切面白色，嚼之有微黏滞感，味微苦有残渣（图5—29、图5—30）。

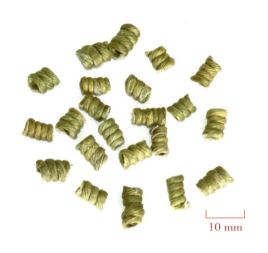

10 mm

图5—29　铜皮斗（安徽）

10 mm

图5—30　铜皮斗（浙江）

第二节　现代产品

一、紫皮石斛鲜品

将采摘下来的紫皮石斛茎去除叶后得到的产物，紫皮石斛鲜品除了可以鲜食外，还是其他类型的紫皮石斛产品的原材料（图5—31）。

图5—31　紫皮石斛鲜品

二、紫皮石斛茶

采用纯生态紫皮石斛初春花芽或新鲜叶精制而成，海拔1 800 m以上高黎贡山天然环境孕育，具有提神解郁、提升免疫力之功效（图5—32、图5—33、图5—34）。

图5—32　紫皮石斛花茶

图5—33　紫皮石斛茶

图5—34　紫皮石斛叶枫斗茶

三、紫皮石斛饮片

紫皮石斛饮片主要有紫皮枫斗、紫皮石斛粉、紫皮石斛切片、紫皮石斛干条，其中紫皮枫斗是紫皮石斛饮片的主要形式（图5—35）。紫皮石斛能够治疗多种疾病，并对一些高危性的疾病有良好的辅助治疗效果。实践证实，紫皮石斛在治疗"三高"、癌症病人术后恢复等方面都有明显功效，同时还可以提高人体免疫力，降低患病的风险。

图5—35　紫皮石斛枫斗饮片

四、养生汤宝

选用上等紫皮石斛为原料，配伍西洋参、枸杞子等，具有滋阴补虚、提神强气之功效，为家庭养生的上佳之选（图5—36）。

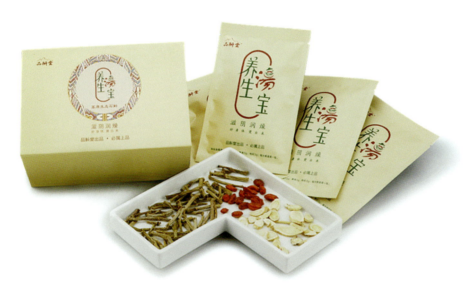

图5—36　紫皮石斛养生汤宝

五、紫皮石斛养生保健品

以紫皮石斛为原料，运用现代生物制药技术，把紫皮石斛深加工制成紫皮石斛精片、纳米粉、颗粒、胶囊等。随着人们生活水平的不断提高，这类现代养生产品除了受到喜爱健康保健的人士欢迎之外，还是爱好美容养颜女士的必备之品（图5—37、图5—38）。

图5—37　紫皮石斛养生精片　　　　　　图5—38　紫皮石斛纳米粉

六、紫皮石斛酒

　　以紫皮石斛、生态稻米、山泉水为原料进行酿造，选择掐头去尾后的中间纯正米酒为酒体，储存至少1年以上，或辅以进口上等西洋参，融合传统制酒工艺和12道原浆酒体混装生产工艺配制而成（图5—39）。

图5—39　紫皮石斛酒

质量管理与标准体系

为确保生产"道地、优质、安全的龙陵紫皮石斛，龙陵县制定实施《石斛产业六项规范管理制度》，先后颁布实施云南省中药材标准《齿瓣石斛》、云南省地方标准《紫皮石斛》和《地理标志产品 龙陵紫皮石斛》，不断构建和完善龙陵紫皮石斛药材质量控制体系。

第一节　质量安全管理

为确保紫皮石斛的质量与安全，龙陵县人民政府制定了石斛产业六项规范管理制度。

一、龙陵县石斛种植申请备案制度

为进一步加强对石斛种植户的管理，促进石斛产业有序健康发展，特制定本制度。

1. 石斛种植户在实施种植前，必须先向当地乡镇石斛产业办提出书面申请，由乡镇石斛产业办进行备案。

2. 备案要素为：种植地点、种植规模、种植方式、种植品种等。

3. 经乡镇石斛产业办核准备案后方可实施种植作业。

4. 未经备案的，一律不予政策扶持，一律不予受理产品质量检测检验，一律不予安排参与技术培训等相关产业建设活动。

二、龙陵县石斛种植施肥用药登记制度

为进一步建立健全石斛生产档案、质量认证和市场准入三项制度，对石斛生产施肥用药情况有据可查，促进石斛规范化管理，特制定本制度。

1. 石斛施肥以有机肥为主。科学合理施用农家肥、优质绿肥、沼液、沼渣。

2. 病虫害防治以生物防治为主。节制使用安全、无残留蔬菜类农药，严禁使用高毒、高残留农药或激素类药物。

3. 种植户在生产管理过程中必须对施肥情况进行登记。登记要素主要有：肥料种类、生产厂家、来源、施肥时间、施肥方法、配比及用量、效果等内容。

4. 种植户在生产管理过程中必须对农药使用情况进行登记。登记要素主要有：农药名称、生产厂家、药物来源、防治时间、防治方法、防治配比及用量、防治效果等内容。

5. 种植户在生产过程中必须做好种植时间、追肥、浇水、施药等生产管理环节的记录，便于了解生产情况，找出生产中存在的问题及原因，进一步研究总结、优化。

6. 每年9月1日开始停药、停肥和控水，必须确保施肥、用药有90天以上降解期。

三、龙陵县石斛生产质量安全承诺制度

为规范全县石斛生产加工、销售企业、种植户、枫斗加工户生产管理，使生产的石斛产品达到安全、卫生、优质的质量要求，特制定本制度。

1. 承诺人：全县从事石斛产品生产、加工销售企业、石斛种植户、枫斗加工户。

2. 承诺内容：承诺所从事石斛产品生产、种植、加工和销售等行为符合《中华人民共和国农产品质量法》《云南省农产品质量安全条例》等相关要求，严格按照云南省《紫皮石

斛》和《地理标志产品 龙陵紫皮石斛》地方标准，《龙陵县紫皮石斛栽培技术》《龙陵县人民政府关于进一步规范石斛产业发展的通知》（龙政发〔2011〕16号）进行石斛生产、种植、加工和销售。

3. 承诺人若违反相关事项，将对其行为承担相应责任。

四、龙陵县石斛产品采收管理制度

为进一步规范石斛产品采收管理，确保石斛产品质量，特制定本制度。

（一）采收时间

每年9月1日开始停药、停肥和控水，10月20日以后进入采收期，必须确保施肥、用药有90天以上的降解期。进入10月后石斛茎条进入成熟期，新茎增粗叶片不再增加，秋后叶片自然脱落，进入低温休眠期；这个时期采收是石斛鲜茎品质最佳时期。应根据叶片的脱落情况，叶鞘呈白色后才能采收（俗称白条），采收时间为11月到来年2月。石斛产品经质监部门质量检测取得产品质量合格证后方可采收。

（二）采收方法

1. 采收时有露水或下雨时不能采收，晴天以中午12点后采收。
2. 采收时保留茎基带肉质部分1～2节，从距采收节间1/3处，用利刀快速割下。
3. 采收的白条按规格分装贮存在阴凉干燥通风的地方；忌阳光直接照射。

（三）贮藏运输

1. 鲜石斛包装必须使用洁净、无污染，符合国家相关标准要求的材料进行包装，并在包装上注明产品名称、产品执行标准、规格型号、净含量、产地、生产日期、保质期、贮存方法等。
2. 贮存过程中，鲜石斛必须保持阴凉、通气状况好的环境条件，注意防潮、防霉变等。
3. 运输过程中，严禁与其他有毒、有害物品混装，并应防重压、防破损、防潮湿等。

五、龙陵县石斛产品质量检测检验制度

为了使龙陵县种植销售的石斛产品达到安全、卫生、优质的质量要求，根据《中华人民共和国农产品质量法》《云南省农产品质量安全条例》的要求，特制定本制度。

1. 种植户作为所种植石斛产品质量安全责任人，自觉遵守石斛产品质量安全各项规定，自觉维护产品质量安全，自觉宣传石斛规范种植管理、质量安全的重要意义。严格遵守《产品质量法》《标准化法》《食品卫生法》《加强食品质量安全监督管理工作实施意见》以及相关的法律、法规的规定。
2. 严格执行云南省《紫皮石斛》和《地理标志产品 龙陵紫皮石斛》地方标准《龙陵

紫皮石斛栽培技术》，从基地建设开始严把质量关，从源头严堵质量漏洞，把好产地环境、种苗培育、种植管理等每一个环节。保证种植基地具备良好的环境条件，空气、水源、土壤、种植基质等清洁、无污染，保证良好的田间卫生，对农药瓶、袋及生活垃圾等带出基地集中处理，保证不使用违禁农药、激素。

（1）种植户在采收石斛鲜条前，必须向乡镇石斛产业办、石斛协会提出石斛产品检验申请。

（2）由所受理部门指派工作人员对其鲜条进行采样后送质监部门进行检测，经检验合格的发给检验合格证，凭检验合格证办理采收、运输等相关手续。对不达标产品由县石斛协会及各乡镇产业办、石斛协会分会督促种植户用于育苗，严禁不合格产品流向市场。

（3）严禁采收、销售未经检验或检验不合格的产品。

（4）严禁出售经扦插育苗后未萌发的种条、病株或死亡植株等存在质量安全隐患的鲜条。

（5）接受相关部门对石斛种植管理规范、质量安全的监督、检查，及时纠正存在问题并承担相应责任。

3. 凡出售不合格产品的，一经发现由县市场监督管理局根据相关规定从严查处，造成严重后果的，移交司法机关处理。在办理石斛调运证明时，不能提供检验合格证的一律不予办理调运证明。

六、龙陵县石斛产品收购申请备案制度

为进一步加强石斛产品收购管理，确保石斛产品收购行为符合国家法律规定，规范石斛产品收购秩序。特制定本制度。

1. 凡在龙陵县境内收购、出售石斛产品的经销商，必须事先到县林业局野保办申请备案，由野保办对有关事项进行告知。

2. 对不申请备案的经销商野保办不予办理调运手续，已申请备案，但不遵守告知事项的，一经调查核实，停止办理调运手续。

第二节　质量安全市场准入

龙陵县建成了保山市石斛产品质量监管检验中心、龙陵县农业局环境保护监测站、象达石斛质量安全监测站共3个质量安全检测机构，从2011年开始在全国石斛种植地首家推行石斛产品质量检测市场准入制度，进行质量安全抽检，做到未经检测或检测不合格的鲜条一律不准上市流通和用于生产加工。每年检测时间为10月20日至12月20日。2011年、2012年、2013年、2014年、2015年检测样品数分别为：2 843份、3 066份、

4 879份、1 902份、7 110份。制定了《龙陵县石斛质量安全监管实施方案》，构建了政府、部门、乡镇、协会四位一体的监管网络，建立了从产地选择、种植加工到流通销售的全过程监管体系，龙陵县所有石斛生产企业实现了首席质量官管理制度全覆盖。同时，2011年制定了《生产地石斛鲜条抽样规则》，内容包括检测流程、结果运用、石斛鲜条抽样等三部分。

一、检测流程

种植户在采收石斛鲜条前，必须向各乡镇石斛产业领导小组办公室提出石斛产品检验申请，由受理部门指派工作人员对申请人种植基地鲜条进行采样后送检测部门进行检测，检测合格的将检测结果通知单提交县石斛协会，由县石斛协会委托各乡镇林业站出具石斛采收证明书，凭石斛采收证明书办理采收、运输等相关手续；检测不合格的，由种植户1个月后再提出申请复检，复检不合格的不准销售；严禁采收、销售、收购未经检验或检验不合格的石斛产品。

二、结果运用

未参加检测或检测不合格的石斛产品，一律不予办理调运证明，凡销售或收购不合格石斛产品的，由县市场监督管理局、林业局、农业局等部门根据有关规定从严查处，未办理调运手续的，由县林业部门依法从严查处，造成严重后果的，移交司法机关处理。

三、龙陵县生产地石斛鲜条抽样规则

1. 适用范围　本规范适用于生产地石斛鲜条农药残留快速检测样品抽样。

2. 抽样要求　抽取的样品，应能充分地代表该批产品的特征。抽取混合样品，不能以单株作为检测样品。抽样过程中，应及时、准确记录抽样的相关信息。所抽样品及封样须经被抽单位或个人认可，生产地抽样时应调查石斛生产情况、农药使用情况。

3. 抽样准备

（1）应事先准备好剪刀、橡皮筋、封条、秤等抽样用具，并保证这些用具洁净、干燥、无异味，不会对样品造成污染。抽样过程不应受雨水、灰尘等环境污染。

（2）抽样人员应不少于2人。抽样人员必须经过培训，并经考核合格方可进行抽样工作。

4. 抽样时间　具体抽样时间由委检单位根据不同石斛品种的成熟度及检测单位的检测能力来确定。

5. 抽样量　生产地抽样一般每个样品抽样量不低于150 g，抽取样品不少于15个个体。抽样时，应除去泥土、黏附物及明显腐烂部分。

6. 抽样方法　当石斛种植面积在400～2 000 m²，设为一个抽样单元（不足400 m²按一个抽样单元记）。当种植面积大于2 000 m²时，每增加1 000 m²增设一个抽样单元。每个抽样单元内根据实际情况按对角线法、棋盘式法、"Z"字形等方法抽取样品。

7.办理有关手续

（1）填写抽样单。在现场认真填写抽样单，填写的信息齐全、准确，字迹清晰、工整。经抽样人员和受检单位人员双方确认无误后，在抽样单上签字或盖受检单位公章。一份随样品交检测机构，一份交受检单位，一份交委托单位。

（2）样品的封存。样品抽取完毕后用橡皮筋将样品捆好，粘贴好封条，封条应由双方代表共同签字确认。

（3）送样时间要求。为减少存储、运输过程中的质量变化，在抽样结束72小时内送达检验机构。

四、附则

本规则由龙陵县质量技术监督局、龙陵县石斛协会编制。

第三节　质量标准体系

一、云南省中药材标准《齿瓣石斛》

2011年7月，云南省食品药品监督管理局将紫皮石斛（齿瓣石斛）载入《云南省中药材标准》2005年版第七册；内容包括性状、鉴别、检查、浸出物、性味与归经、功能与主治、用法与用量和贮藏（详见附件一）。

二、云南省地方标准《紫皮石斛》

2009年10月1日，《紫皮石斛》云南省地方标准颁布实施，2012年对该标准重新修订，2013年4月15日云南省质量技术监督局发布了新修订的紫皮石斛云南省地方标准，并于2013年7月1日开始实施。具体包括（详见附件二）：

1. DB53/T290.1—2013，紫皮石斛第1部分：产地环境。

2. DB53/T290.2—2013，紫皮石斛第2部分：种苗培育。

3. DB53/T290.3—2013，紫皮石斛第3部分：生产技术规程。

三、云南省地方标准《地理标志产品　龙陵紫皮石斛》

2013年12月31日，国家质检总局发布公告，批准"龙陵紫皮石斛"获得国家地理标志产品保护。为进一步规范龙陵紫皮石斛地理标志产品，由龙陵县质量技术监督局、保山市质量技术监督综合检测中心、龙陵县林业局、龙陵县石斛协会、龙陵县石斛研究所、龙陵县龙斛生物科技有限公司、龙陵县兴龙石斛专业联合社等单位联合起草了《地理标志产品　龙陵紫皮石斛》的云南省地方标准。内容包括：术语和定义、保护范围、

栽培环境、栽培管理、采收和加工、产品质量、检测规则、标签、标志、包装、贮运和保质期（详见附件三）。

第四节　贮藏管理

一、石斛保鲜和贮藏的必要性

1. 紫皮石斛作为一种养生价值极高的中草药保健品，鲜品消费市场潜力巨大，紫皮石斛保鲜可以有效延长石斛鲜品保存期，将保鲜期延长6～10个月，可为市场全年提供鲜品石斛。

2. 当今食品安全问题频发的年代，人们越来越追求自然的，未经加工的产品，紫皮石斛鲜品中含有大量的自然汁、丰富的天然活性物质，具有干品不可及的独到作用。

3. 鲜品可以避免假冒伪劣石斛产品。石斛制品市场存在着以低价石斛如：兜唇石斛、大苞鞘石斛冒充紫皮石斛现象，紫皮石斛鲜条因为种类不同会有形状、色泽方面的差别，消费者只要稍作了解就能够轻松分辨紫皮石斛种类。

4. 可以延长紫皮石斛加工石斛枫斗时间，解决农村劳动力就业问题，保证紫皮石斛枫斗加工人员全年有活干，增加农民经济收入，提高石斛产业经济效益。

二、石斛保鲜方法和贮藏技术

石斛保鲜和贮藏传统方法有：自然贮藏法、恒温保鲜法、冷藏法等。主要介绍自然贮藏法和保鲜库恒温保鲜法。

（一）自然贮藏法

自然贮藏法比较简单，不需要特殊的设备和场地，常见的做法是将成熟的石斛鲜条放在屋内阴凉处，保持通风。石斛鲜条自然放置根据季节会开花发芽，一旦开花发芽，石斛鲜条就会变成"老条"，营养物质就会流失，因此，立春后必须经常检查，一旦看到萌芽，就要把芽头抹除，但对石斛鲜条的质量会造成一定的影响。石斛鲜条在通风透气条件下贮藏一年不会腐烂，第二年还能在节上萌发新芽，枯而不死，僵而不烂，这就是石斛非常神奇的地方（图6—1）。

（二）恒温保鲜法

恒温保鲜法是目前石斛保鲜贮藏最有效的保鲜方法。贮藏库恒温保鲜是一项系统工程技术，主要技术要素包括温度、湿度、气体和防腐。石斛鲜条恒温贮藏对温度湿度具有较高的要求，常规下温度的作用占60%～70%，湿度、气体和防腐各占10%～15%。关键技术是控制好贮藏库的温度、湿度，根据贮藏的鲜条品种结合室外温度调节保鲜库的温度，如：紫皮石斛、梳唇石斛保鲜温度控制在5～8 ℃，铁皮石斛、兜唇石斛控制在6～10 ℃。贮藏库内的温度必须随着室外的温度变化而变化，室外温度高贮藏库内温度稍做调高，室外温度低贮藏库内温度稍调低。石斛鲜条入库前必须保证清除表面杂质，将鲜条剪口晒干基本收口，鲜条水分含量保持在60%左右，入库摆放上架规整，石斛鲜条堆放厚度在20～60 cm，有利于通风透气。石斛恒温贮藏库保鲜采取封闭式管理，温度湿度保持均匀，贮藏库湿度保持在10%～15%（图6—2）。

随着石斛产业的发展，目前石斛鲜条保鲜技术已成为石斛产业发展的重要组成部分，需要广大石斛爱好者不断地总结与探索。这里介绍的两种石斛鲜条保鲜方法只起到抛砖引玉的作用，目的是引起大家对石斛保鲜的重视，努力研究不同环境条件下的石斛保鲜技术，确保石斛保质增值，有效促进石斛产业的稳定健康发展，加快贫困山区农民脱贫致富步伐。

图6—1　自然贮藏

图6—2　恒温保鲜

功效与养生

《神农本草经》列为上品，谓："石斛，味甘、平。主伤中，除痹，下气，补五脏虚劳羸瘦，强阴。久服厚肠胃，轻身延年。"

第一节 功 效

一、石斛的功效

1.《神农本草经》列为上品，谓："石斛，味甘、平。主伤中，除痹，下气，补五脏虚劳羸瘦，强阴。久服厚肠胃，轻身延年。"

2.南北朝梁代陶弘景《名医别录》（约公元3世纪）："石斛，无毒。主益精，补内绝不足，平胃气，长肌肉，逐皮肤邪热痱气，脚膝疼冷痹弱。久服定志，除惊。"

3.明代兰茂1436年编撰《滇南本草》："石斛，味甘、淡，性平。升也，阴中之阳也。平胃气，能壮元阳，升托，发散伤寒。"

二、龙陵紫皮石斛功效文献报道

1.1980 年，吉占和等在《中国石斛属的初步研究》中报道，将齿瓣石斛作黄草石斛药用。

2.1990年，郑博仁在《云南石斛药材现状及原植物》中报道，齿瓣石斛在云南可加工为细黄草和大黄草石斛。

3.1990年，李满飞等在《中药石斛类多糖的含量测定》中报道，比色法测定齿瓣石斛，其多糖含量为21.09%，比铁皮石斛的18.24%稍高；1991年在《商品石斛的调查及鉴定》报道，齿瓣石斛有作鲜石斛和紫皮兰枫斗应用。

4.1993年，《云南中药资源名录》中收载齿瓣石斛，药用与密花石斛同，具有"滋阴益胃，生津止渴"之功效。

5.1995年，王艳等对西双版纳的石斛资源调查结果表明，齿瓣石斛用于加工成细黄草。1996年，马国祥等再次对商品石斛做调查，也得到同样的结果。

6.1998年，杨永红在报道拉祜族药"鹅母架那此"中用到齿瓣石斛。

7.1999年，包雪声、顺庆生等在《上海市石斛类药材的调查与鉴定》中报道，齿瓣石斛作鲜石斛使用，同年在《石斛类药材枫斗的历史与现状》中报道，齿瓣石斛大量用于替代枯竭的铁皮石斛加工枫斗。

8.2001年，包雪声、顺庆生等在《中国药用石斛彩色图谱》中进一步指出："齿瓣石斛在20世纪80年代末至90年代初出现在上海市，作鲜石斛运用。因其茎呈紫色，故药农称之为紫皮石斛、紫皮兰。"又道"齿瓣石斛目前产量较多，故大量用于加工生产枫斗，药农认为其质量不亚于铁皮石斛"。

9.2002年，冉懋雄在《名贵中药材绿色栽培技术丛书》之《石斛》中收载齿瓣石斛，在"性味功效"项下称其"茎（黄草石斛）：甘、淡、微寒。滋阴益胃，生津除烦。用于热病伤津，口干烦渴，病后虚弱，食欲不振"。

第二节 中医验方

一、中医经典名方

方一：甘露饮 石斛配天冬、麦冬、生地、熟地、黄芩、茵陈、枳壳、枇杷叶、甘草等，具有清热养阴，行气利湿的功效，治胃中客热，牙宜口臭，齿龈肿烂，时出脓血；目睑垂重，常欲合闭；或饥饿心烦，不欲饮食；目赤肿痛，不任凉药；口舌生疮，咽喉肿痛；疮疹已发未发；脾胃受湿，瘀热在里，或醉饱房劳，湿热相搏，致生黄疸，身面皆黄，肢体微肿，胸闷气短，大便不调，小便黄涩，或时身热（《太平惠民和剂局方》）。

方二：石斛汤 石斛、麦冬、生地、远志、茯苓、黄芪、玄参、甘草等，具有清心除烦，生津止汗的功效，主治：虚热烦躁、口干自汗等症（《证治准绳》）。

方三：高风补肝汤 石斛配羚羊角、细辛、羌活、茯苓、楮实子、人参、玄参、车前子、夏枯草、防风等。具有清肝泻火、解毒明目作用，用于治疗各种热证引起的眼科疾病（《医宗金鉴》）。

方四：石斛配制首乌、制黄精、生地、黄芪、山药、乌梅、枸杞、紫丹参、桃仁、淫羊藿、金樱子等具有稳定血糖的作用（国医大师朱良春治疗糖尿病的经验方）。

方五：四味健步汤 石斛、赤芍、怀牛膝、丹参组成，适用于下肢周围血管疾病，以及血栓性疾病。适用病症：糖尿病足、糖尿病肾病、下肢静脉血栓、下肢骨折等引起的腰痛无力、下肢疼痛、麻木、抽筋、浮肿等（《黄煌经方使用手册》，此方被黄煌教授称之为血管保护修复剂）。

二、龙陵县中医石斛验方

（一）《龙陵县中医验方》

由龙陵县人委会卫生科于1958年整理编印（图7—1、图7—2）。收录石斛验方如下（验方所用石斛系指紫皮石斛。未注明的计量单位为钱，1钱=3 g）：

方一：连翘4、银花4、桔梗3、知母3、黄连1、粉草1.5、石斛3、郁金3、黄芩3、茯苓3、苡仁3、鲜金竹叶40张、白芍3、生地3、麦冬3。用法：开水煨服。主治，脑炎轻症。医师：田九畴。

方二：连翘4、银花5、知母2、石斛3、郁金3、茯苓3、鲜金竹叶50张、白芍3、生地5、麦冬4、粉丹4、石膏3、犀牛角5～8分。用法：开水煨服。主治，脑炎重症。医师：田九畴。

方三：生地3、银柴胡3、粉丹3、地骨4、黄参3、知母3、贝母3、麦冬3、石斛3、茯苓3、法夏3、白芍3、前胡3、竹茹3、藕节5、茅根4。用法：开水煨服。主治，肺结核潮热症。医师：田九畴。

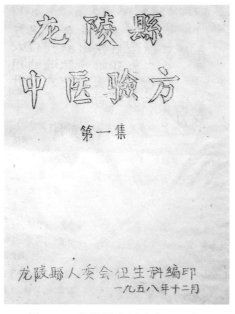

图7—1　龙陵县中医验方1958年

白喉：
青黛5分　硼砂3分　朱砂2分　白金凤花5分　人中白3分
〈杨藏强〉
肺结核：甲：通用方
生地4　桑白3　知母3　黄柏2　桔梗3　紫菀3　沙参3
地骨3　茯苓3　麦冬3　贝母3　炙百部3　粉草2　杏仁3
竹茹3　天冬3　开水煨服
乙．咯血用
生地3　百茂3　百合4　枳壳3　款冬花3　紫菀3　茯苓3
沙参4　贝母3　藕节5分　竹茹3　天冬3　茅根4　开水煨服
丙．潮热用
生地3　银柴胡3　粉丹3　地骨4　黄芩3　知母3　贝母3
麦冬3　石斛3　茯苓3　法夏3　白芍3　前胡3　竹茹3
藕节5　茅根4　开水煨服
〈田九畴〉
淋巴结核：
新鲜猪胆一个蒸热　每天服一个，服后吃蜂蜜一勺，連服15日为一疗程，出现腹泻　约两周腹泻自停，又服一疗程即愈（忌盐）
〈黄友衡〉
瘧疾：
（一）草烟根5分　元双树根5分　续段8分　煨水服，每日三次每次一杯．
（二）桃尖5分　黑青蒿1两　鞭柳草5分　捣碎挤水半碗兑酒5滴服．

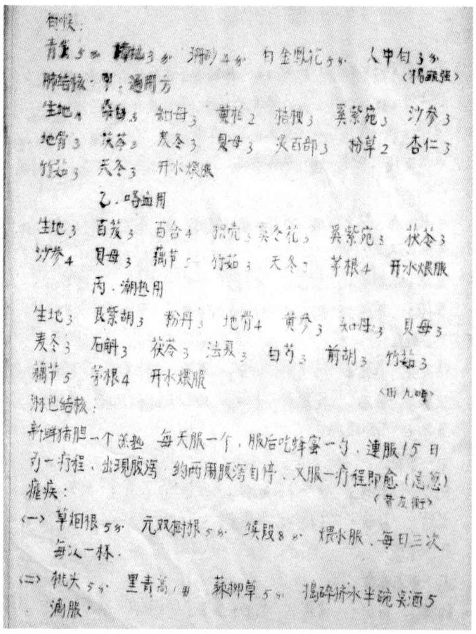

图7—2　田九畴潮热用方含石斛

方四：风湿性关节炎基本方。附片3、白芍5、秦艽3、桂枝5、羌活3、黄芪5、炒苡仁4、知母4、木通3、桑枝1、茯苓3、乳香3。虚证，加：枣仁、柏子仁、石斛、明党参、川归。用法：开水煨服。医师：田九畴。

方五：胡黄〔湟〕2、芦荟1.5、白芍3、石斛2、建曲2、山楂2、黄芩3、茯苓3、炒白术3、栀子2、使君子3。主治：小儿疳黄。用法：研磨服。医师：赵鸿玺。

《龙陵教育人物春秋》载：田九畴（1921～1972年），龙陵县龙山镇人。就读于云南大学东方语缅文专业、北京大学英文系。曾任龙陵中学校长，龙陵县人民政府文教科科长，保山地区人大代表。1958年，因劳累成疾，辞职回家研究医学，开设松鹤医社自医和行医，病愈后在联合诊所任医生，是县卫生院中医门诊的创始人之一。

赵鸿玺：龙陵白塔中医世家，在龙陵河头行医。

（二）龙陵县中医医院石斛验方

龙陵县中医医院医师沈富广总结的龙陵紫皮石斛验方如下：

方一：煅石膏、黄柏、黄芩、生大黄、生地榆各等分研细末加少许冰片，再加入鲜紫皮石斛捣烂搅至均匀为度，外用，具有清热解毒，燥湿敛疮，修复再生的功效，用于治疗各种原因引起的烧烫伤。

方二：紫皮石斛配生地、北沙参、麦冬、白芍、当归、川楝子、乌梅、吴茱萸、黄连、甘草，具有养阴益胃，和中止痛之功效，适用于隐隐作痛、口干咽燥、舌红少津的胃痛。

方三：紫皮石斛配麦冬、天冬、川贝母、知母、沙参、百合、生地黄、桔梗、苦杏仁、梨皮等，具有滋阴润肺，化痰止咳的功效，适用于干咳，咳声短促，口干咽燥的咳喘。

方四：紫皮石斛配何首乌、川芎、当归、熟地、白芍等，具有养血滋润肌肤、防止衰老的功效。

第三节　养　生

1. 龙陵紫皮石斛鲜食　取新鲜龙陵紫皮石斛适量，去叶鞘，洗净，入口细嚼，味甘而微黏，清新爽口。

2. 龙陵紫皮石斛鲜榨汁　取新鲜龙陵紫皮石斛适量，去叶鞘，洗净，切小段放入榨汁机内，加入适量开水（通常加入石斛量与加入水的量为1：15～1：20），榨汁，过滤后汁液即可饮用（图7—3）。

图7—3　龙陵紫皮石斛鲜榨汁

3. 龙陵紫皮石斛鲜条煎汤　将龙陵紫皮石斛鲜条洗净切碎或拍破，加水入锅用文火先煎煮30分钟后，放入1～2 g西洋参再煮30分钟，可重复煎煮，连渣食用。

4. 龙陵紫皮石斛鲜条浸酒　将龙陵紫皮石斛鲜条洗净切碎拍破，单味或和其他物料一起浸入40度以上酒中，3个月后即可饮用。

5. 龙陵紫皮石斛枫斗含服　取龙陵紫皮石斛枫斗1～2粒，直接放入口中含服，如嚼槟榔之感，是招待客人的新兴方式。

6. 龙陵紫皮石斛枫斗磨粉泡茶　将龙陵紫皮石斛枫斗磨成细粉，也可把西洋参磨成细粉混起来一起用沸水冲泡，最佳方法是加清水适量，武火煮沸再文火煮2个小时以上，即可食用。

7. 龙陵紫皮石斛茶　取龙陵紫皮石斛干品6～12 g（鲜品可用15～30 g），放入锅中，加水煎煮30分钟，用保温杯盛贮，代茶饮用。

8. 龙陵紫皮石斛炖雪梨　取龙陵紫皮石斛鲜条、生地各10 g，雪梨1个，加清水半碗，放炖盅内隔水炖1小时，食雪梨饮汤，每日2次。

9. 龙陵紫皮石斛木瓜鲜奶　取龙陵紫皮石斛粉1 g，熟木瓜500 g，新鲜牛奶一杯，莲子肉50 g，红枣4颗，冰糖适量。新鲜木瓜去皮去核切粒状用清水洗净；莲子肉、红枣去核洗净。将紫皮石斛粉、鲜奶、木瓜、莲子肉、红枣、冰糖放入炖盅，隔水炖熟即可。

10. 龙陵紫皮石斛入膳　将龙陵紫皮石斛鲜条洗净切碎或拍破，和鸡、鸭等材料一起文火炖2～3小时。或者文火煎煮后取汁备用，加入其他原料可煮粥、做羹、煲汤等（图7—4）。

图7—4　龙陵紫皮石斛煲汤

11. 龙陵紫皮石斛面片　取适量龙陵紫皮石斛鲜条洗净榨成汁待用；将称好的面粉、鸡蛋、油及石斛汁和成面团，然后把和好的面团切成猫耳朵大的面片待用；将菜籽油倒入烧热的锅里加入净化处理过的山泉水，待水烧开后把做好的面片放入锅中，根据个人口味加入适量的盐、蔬菜或土豆及少许胡椒粉，煮至面片漂浮于汤面即可出锅。

12. 龙陵紫皮石斛馒头　取适量龙陵紫皮石斛鲜条洗净榨成汁待用；将称好的面粉、泡打粉（小苏打）、酵母粉、油及石斛汁（依照个人喜好可以加入适量白糖）和成面团并发酵1～2小时，把发酵好的面团搓均匀后切成100～200 g大小的面块，将面块放入蒸锅里蒸10～15分钟即可食用。

13. 龙陵紫皮石斛丸子　取适量龙陵紫皮石斛鲜条洗净去叶鞘剁成茸，放入碗里，加入剁好的肉末、姜茸、盐、胡椒粉、鸡蛋清，把全部调料拌匀加入生粉，顺时针方向把所有原料调和均匀成团，将调好的肉团用小勺做成肉丸待用；将净化处理过的山泉水放入锅内烧开，待水烧开后把做好的肉丸子一个一个轻轻放入锅中，根据个人口味在汤内调入适量的盐及少许胡椒粉，煮至肉丸漂浮于汤面即可出锅（图7—5）。

图7—5　龙陵紫皮石斛丸子

14. 龙陵紫皮石斛炒土鸡蛋　取适量龙陵紫皮石斛鲜条洗净去叶鞘剁成茸，放入碗里，加入鸡蛋、盐、香料，把全部调料拌匀待用；将炒锅烧热放入菜籽油，待油烧开倒入拌匀的鸡蛋，炒至鸡蛋颜色变黄即可出锅。

15. 龙陵紫皮石斛花蒸土鸡蛋　取适量新鲜的龙陵紫皮石斛花，用水洗净，依照个人喜好可以整朵花用也可将其切碎，放入碗里，加入鸡蛋、盐、香料、适量的水和猪油搅拌均匀，放进蒸锅中蒸10～15分钟即可食用（图7—6）。

图7—6　龙陵紫皮石斛蒸土鸡蛋

16. 龙陵紫皮石斛蛋挞　取适量紫皮石斛鲜条洗净榨成汁待用；其次取猪油、黄奶油、面粉适量和成面团制油皮待用；再取高筋面粉、低筋面粉、猪油、白糖、鸡蛋适量合成面团制水皮待用。待水皮做好后把油皮加在水皮上包好，用空心槌擀开，对折再擀开，再对折再擀开，三次擀好后再全部擀开，擀到厚度均匀后用圆形模具在面皮上压出圆形面皮，让其松弛一定时间酥皮就好了，用蛋挞模具把酥皮包好，再将打好的蛋液加上石斛汁倒入酥皮内，放入烤箱，烤箱温度面火190 ℃，底火170 ℃，烤30～40分钟即可（图7—7）。

图7—7　龙陵紫皮石斛蛋挞

17. 龙陵紫皮石斛花泡酒　龙陵紫皮石斛花洗净，晾干，单味或加入其他物料一起浸入40度以上米酒中，浸泡3个月后即可饮用（图7—8）。

图7—8　龙陵紫皮石斛花酒

18. 龙陵紫皮石斛花茶　取5～6朵龙陵紫皮石斛鲜花洗净（或洗净晒干的紫皮石斛花），放入杯中，倒入沸水适量，可重复4～5次（图7—9）。

图7—9　龙陵紫皮石斛鲜花

19. 紫皮石斛粥　取适量的大米洗净用温水泡3～4小时；再取适量紫皮石斛鲜条洗净榨成汁待用；把泡好的大米加上适量的水放在文火上熬煮1小时，煮至米粒黏稠时加入石斛汁煮10分钟即可。

20. 紫皮石斛汁浸鱼片　原料为紫皮石斛鲜条汁250 g、水库生态鱼（鲤鱼）1条、姜片5 g、葱节5 g、盐30 g、胡椒粉5 g、鸡蛋清1个、生粉15 g，料酒、味精适量。将紫皮石斛鲜条洗净切段榨成汁备用（浓度稍高）；将鱼杀好洗净去除内脏，将洗好的鱼切成鱼片放入碗内，头和鱼骨单独放置；将鱼片放上少许盐、料酒、蛋清拌匀，再加生粉拌匀备用；在锅里放上水烧开加入少许料酒、姜、葱，把鱼骨和鱼头放入锅内煮熟捞起来放入盘中摆放好；将腌好的鱼片放入鱼骨头的汤里面汆熟捞起来放在鱼骨上；将石斛汁放入锅中烧开放上盐、胡椒粉（味精根据个人喜好加入）、加生粉勾成薄芡，淋在鱼片上即可食用。

21. 紫皮石斛饺　取适量紫皮石斛鲜条洗净切段榨成汁备用。取适量的猪肉、冬笋、鲜虾、胡萝卜、香菇等切碎，加入盐、胡椒粉、芝麻油、生抽（根据个人喜好加调料），拌匀后作为肉馅。取适量面粉、紫皮石斛汁、食盐，搅拌均匀和成团；把和好的面团做成条，再切成8 g大小的砣，然后擀成面皮包入已调好的肉馅，做成饺子；用锅加上开水用文火煮至水饺飘起来后1～2分钟，放上调料即可。

22. 紫皮石斛烧排骨　原料为猪小排200 g、紫皮石斛鲜条100 g、姜片5 g、小香葱白5 g、火腿片5 g、盐10 g、土鸡蛋黄1个、生粉5 g，胡椒粉、料酒、食用油、铁核桃油适量。将适量紫皮石斛鲜条洗净切成小节备用；取猪小排砍成小砣洗净放入盆中，加上少许盐、胡椒粉、料酒、蛋黄、生粉拌匀待用；在锅里放上适量食用油，烧至七成油温时将腌好的猪排放入锅内炸至金黄色，外酥里嫩起锅备用；锅中放入适量铁核桃油，把火腿片、姜片放入锅中炒出香味后加上适量的山泉水，将备好的石斛鲜条和炸好的猪排放入锅中，盖上锅盖焖6～8分钟收干汤汁即可出锅食用。

现代研究

了解紫皮石斛的化学成分，是明确其功效的物质基础，对紫皮石斛进一步开发利用具有重要的理论依据。近十年来，学者对石斛属植物的化学成分开展了大量的研究，发现紫皮石斛含有石斛多糖、生物碱、黄酮类、酚类、菲类、倍半萜类及香豆素等成分，但由于紫皮石斛研究起步较晚，因此化学成分研究报道并不多，有待进一步深入。

第一节　化学成分

　　了解紫皮石斛的化学成分，是明确其功效的物质基础，对紫皮石斛进一步开发利用具有重要的理论依据。近十年来，学者对石斛属植物的化学成分开展了大量的研究，发现紫皮石斛含有石斛多糖、生物碱、黄酮类、酚类、菲类、倍半萜类及香豆素等成分，但由于紫皮石斛研究起步较晚，因此化学成分研究报道并不多，有待进一步深入。主要研究进展如下：

一、多糖成分

　　2011年开始，甘小娜、明兴加等从紫皮石斛中提取多糖，进行了大量研究，龙陵紫皮石斛多糖含量最大值58.4%，最小值35.2%，平均值43.72%，部分主要研究数据见表8—1。

表8—1　紫皮石斛多糖含量有关数据

年　份	研究者	单　　　　　位	研究对象	批数	多糖含量平均值%
2012	张紫佳	上海中药标准化研究中心检测部	龙陵紫皮石斛	25	45.31
2012	陈小丽	农业部农产品质量安全中心（杭州）	龙陵紫皮石斛	18	48.2
2013	甘小娜	上海中医药大学中药研究所	龙陵紫皮石斛	48	42.7
2014	王东晖	中国农业科学院农产品加工研究所	龙陵紫皮石斛	3	35.37
2015	刘　超	保山市质量技术监督综合检验中心	龙陵紫皮石斛	26	41.6
2015	周志宏	云南中医学院	龙陵紫皮石斛	18	44.24

二、黄酮类化合物

　　沈妍等于2012年通过硅胶、SephadexLH-20反复柱层析、纯化，从紫皮石斛的茎中首次分离得到7个化合物，经鉴定分别为新甘草苷、3,5-二羟基黄酮-7-O-葡萄糖糖醛酸苷、芦丁、芹菜素-7-O-芸香糖苷、芹菜素-7-O-葡糖苷、β-胡萝卜苷和β-谷甾醇。同年杨柳通过反复硅胶柱、SephadexLH-20柱、RP-18、RP-8中压制备液相色谱分离，共分离并鉴定了20个化合物，17个化合物为首次从紫皮石斛中分离得到，并有4个化合物为新化合物，其中黄酮类化合物有芹菜素-7-O-葡萄糖苷、芹菜素-7-O-芸香糖苷、灯盏花素2、芹菜素-7-O-葡萄糖苷和芹菜素-7-O-芸香糖苷等，化学成分的分离鉴定为其良好的药效提供了理论依据，为进一步研究其药理作用奠定了基础研究，同时也使龙陵紫皮石斛的生产和销售倍受鼓舞。

三、生物碱成分

紫皮石斛含有生物碱，但与金钗石斛（川金钗）相比，含量稍低，生物碱类成分是最早从石斛属植物中分离得到的化合物，也是最早受到关注和研究的化合物。

四、联苄、菲等化合物

孟志霞等应用硅胶、凝胶和制备液相层析等方法分离得到单体化合物，通过理化常数和波谱分析鉴定化合物的结构。结果从紫皮石斛体积分数95%乙醇提取物中分离得到25个化合物，其中包括3-羟基-4'，5-二甲氧基联苄、3，4'，5-三羟基-3'-甲氧基联苄、3，4'，5-三羟基联苄，2，5-二羟基-4-甲氧基-9，10-二氢菲、2，4，7-三羟基-9，10-二氢菲等化合物。

五、浸出物

2015版《中华人民共和国药典》（以下简称《中国药典》）规定，铁皮石斛的醇溶性浸出物不低于6.5%，上海中医药大学中药研究所、上海中药标准化研究中心检测部检测的48批龙陵紫皮石斛样品浸出物平均为7.38%。

六、微量元素

2008年郑志新等人对保山龙陵紫皮石斛药用成分进行测定、分析，结果表明紫皮石斛含有S、P、K、Ca、Mg、Fe、Zn、Cu、Mn九种矿质元素，其中Ca含量远远高于铁皮石斛野生种及栽培种，紫皮石斛含有除胱氨酸以外铁皮石斛含有的所有氨基酸，且其含量均高于铁皮石斛、铜皮石斛。

第二节　质量研究

一、紫皮石斛药材的显微鉴别

上海中医药大学甘小娜、徐英、徐红等报道紫皮石斛的质量标准研究，其中显微鉴别结果如下：

本品横切面：表皮细胞1列，扁平，类长方形，壁略增厚、微木化，外被黄色角质层，外层常可见无色的薄壁细胞组成的叶鞘，叶鞘维管束有时可见。基本薄壁组织细胞大小相似，类圆形或类多角形，内散布有多数维管束，略排成4～8列。维管束外韧型，外侧具纤维束，壁较厚，其外侧常镶嵌有细小的薄壁细胞，细胞中常含硅质块，维管束内侧具纤维束，壁增厚。薄壁细胞常含淀粉粒，有的细胞中含草酸钙针晶束（图8—1）。

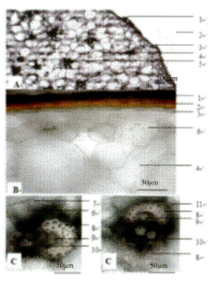

A.横切面构造 5.维管束

B.表皮与角质层 6.淀粉粒

C.维管束 7.针晶

1.叶鞘 8.纤维束

2.角质层 9.韧皮部

3.表皮 10.木质部

4.基本组织

图8—1 齿瓣石斛茎横切面组织特征图

二、紫皮石斛药材的薄层色谱鉴别

上海中医药大学甘小娜、徐英、徐红等报道紫皮石斛的质量标准研究，其中薄层色谱鉴别结果如下：

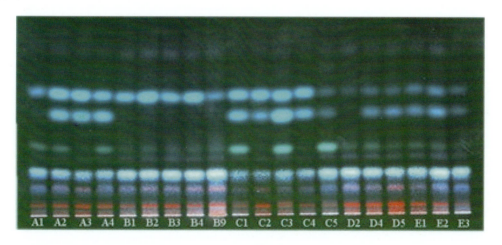

A1.对照药材（zpsh—12092602）;A2.（zpsh—12092604）;A3.（zpsh—12092605）;

A4.（zpsh—12092607）;B1.（zpsh—12092608）;B2.（zpsh—12092609）;B3.（zpsh—120926010）;

B4.（zpsh—12092611）;B9.（zpsh—12092616）;C1.（zpsh—12092629）;C2.（zpsh—12092633）;

C3.（zpsh—12092635）;C4.（zpsh—12092638）;C5.（zpsh—12092642）;D2.（zpsh—12092643）;

D4.（zpsh—12092644）;D5.（zpsh—12092645）;E1.（zpsh—12092646）;E2.（zpsh—12092647）

E3.（zpsh—12092648）

图8—2 紫皮石斛石油醚层TLC图

1. 供试品溶液的制备取本品粉末约1 g，置100 mL锥形瓶中，加甲醇50 mL、水15 mL超声提取30分钟，滤过，滤液用20 mL石油醚（60～90 ℃）萃取，取石油醚层挥干，残渣加氯仿1 mL使溶解，作为供试品溶液。

2. 薄层色谱条件及结果取对照药材溶液与供试品溶液各10 μL，分别点于同一硅胶预制薄层板上，以石油醚–丙酮（9∶1）为展开剂，展开，取出，晾干，喷以10%硫酸乙醇试液，在105 ℃烘约3分钟，置紫外灯（366 nm）波长下检视。供试品溶液色谱中，在与对照药材溶液色谱相应的位置上，显相同颜色的荧光斑点（图8—2）。

三、紫皮石斛多糖、甘露糖、浸出物的含量测定

上海中医药大学甘小娜、徐英、徐红等报道紫皮石斛的质量标准研究，其中多糖、甘露糖、浸出物的含量测定结果见表8—2。

多糖是紫皮石斛的主要成分，也是其发挥药效的重要物质基础，故将其作为含量测定的指标成分。含量测定时，同时检测48批紫皮石斛药材与8批铁皮石斛药材多糖的含量，结果紫皮石斛多糖的平均含量为42.7%，铁皮石斛为42.4%，实验表明，2种石斛多糖含量相当。

参考2010年版《中国药典》对铁皮石斛质量标准的规定，紫皮石斛浸出物、多糖含量限度按照平均值下浮20%，甘露糖限度范围按均值分别上浮20%，下浮20%制定，建议规定紫皮石斛的浸出物不得少于6.0%，多糖含量不得低于34.0%，甘露糖为29.0%～43.0%。

表8—2　紫皮石斛多糖和甘露糖、浸出物含量质量分数（n=2）

批　号	产　地	浸出物%	多糖%	甘露糖%
zpsh—12092601	龙山赧场	7.24	33.51	34.34
zpsh—12092602	龙山赧场	7.34	38.53	37.10
zpsh—12092603	龙山赧场	4.50	38.96	32.20
zpsh—12092604	龙山赧场	6.65	35.61	39.25
zpsh—12092605	碧寨三家村	5.11	44.76	39.60
zpsh—12092606	碧寨三家村	4.62	46.35	42.16
zpsh—12092607	龙山河头	8.66	43.39	33.74
zpsh—12092608	象达乡营坡	8.53	36.09	36.33
zpsh—12092609	象达乡赧洒	6.41	42.10	36.65
zpsh—12092610	象达乡朝阳	8.16	46.26	36.32
zpsh—12092611	象达乡帕掌河	7.14	41.60	36.32
zpsh—12092612	镇安镇大坝1	7.47	40.38	35.82
zpsh—12092613	镇安镇大坝2	7.80	45.75	36.92
zpsh—12092614	木城乡	7.53	39.33	38.19
zpsh—12092615	龙山镇白家寨	7.68	37.15	34.89
zpsh—12092616	龙山镇大竹林	7.73	38.24	36.63

批　号	产　地	浸出物%	多糖%	甘露糖%
zpsh—12092617	龙山镇横山	6.92	40.87	40.35
zpsh—12092618	龙山镇河头1	7.50	39.78	39.97
zpsh—12092619	龙山镇河头2	9.43	40.63	38.57
zpsh—12092620	龙山镇河头3	10.55	43.99	36.28
zpsh—12092621	龙江乡弄岗	6.73	52.08	39.42
zpsh—12092622	龙江乡邦焕	6.47	47.55	34.73
zpsh—12092623	平达乡平安村	9.12	48.63	36.50
zpsh—12092624	平达乡小田坝	7.15	49.14	36.43
zpsh—12092625	平达乡橄榄寨	7.76	47.18	32.08
zpsh—12092626	龙新歇气坡	9.28	44.09	31.92
zpsh—12092627	龙新荆竹坪	9.83	45.15	32.85
zpsh—12092628	龙新黄草坝	6.19	41.16	37.72
zpsh—12092629	龙山白家寨	6.04	40.10	33.07
zpsh—12092630	龙新黄草坝	6.30	41.53	36.29
zpsh—12092631	象达朝阳	6.09	45.21	34.02
zpsh—12092632	镇安镇水塘	8.27	42.29	35.60
zpsh—12092633	龙山白家寨	6.42	45.27	36.40
zpsh—12092634	象达朝阳	8.15	43.32	33.98
zpsh—12092635	尹兆场	6.10	44.96	42.16
zpsh—12092636	尹兆场	9.46	43.57	34.77
zpsh—12092637	象达朝阳	6.81	48.49	35.74
zpsh—12092638	尹兆场	7.33	47.57	34.98
zpsh—12092639	尹兆场	8.56	49.11	28.49
zpsh—12092640	尹兆场	6.63	43.61	28.04
zpsh—12092641	尹兆场	8.33	38.54	27.79
zpsh—12092642	尹兆场	9.03	49.64	46.08
zpsh—12092643	龙山董华村	6.44	38.83	35.04
zpsh—12092644	龙山横山	6.40	43.21	38.43
zpsh—12092645	龙陵城区	5.38	38.37	36.86
zpsh—12092646	碧寨天宁	6.48	35.68	30.57
zpsh—12092647	龙陵天然石斛种植基地	7.93	40.83	34.70
zpsh—12092648	龙山粮场	8.62	42.15	34.19

注：上述所有紫皮石斛均来源于云南省龙陵县

四、齿瓣石斛特征指纹图谱研究

广州中医药大学"石斛求真"团队的黄月纯、杨丽娥、魏刚等开展了齿瓣石斛的特征图谱研究，通过10批样品分析，在270 nm检测波长条件下，齿瓣石斛标示出34个特征共有峰（图8—3、图8—4）；在340 nm检测波长条件下，能专属性地检测出10个黄酮类特征共有峰（图8—5、图8—6）。采用国家药典委员会中药色谱指纹图谱相似度评价系统软件（2004A版），以均值法进行相似度分析，分别生成10批齿瓣石斛在270 nm及340 nm波长条件下的特征图谱共有模式，以各自的共有模式为对照分别计算10批齿瓣石斛及2批鲜品的相似度，结果见表8—3。

表8—3　齿瓣石斛HPLC特征图谱相似度

检测波长	S1	S2	S3	S4	S5	S6	S7	S8	S9	S10	S11	S12
270 nm	0.964	0.968	0.964	0.965	0.955	0.952	0.968	0.94	0.919	0.965	0.906	0.904
340 nm	0.882	0.935	0.965	0.955	0.909	0.980	0.981	0.975	0.922	0.904	0.943	0.828

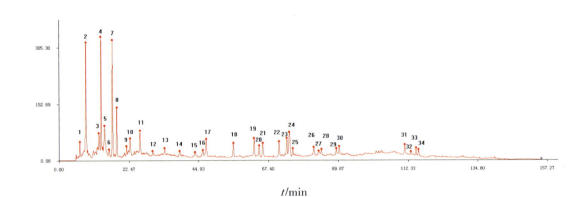

图8—3　10批齿瓣石斛HPLC特征图谱共有模式（270 nm）

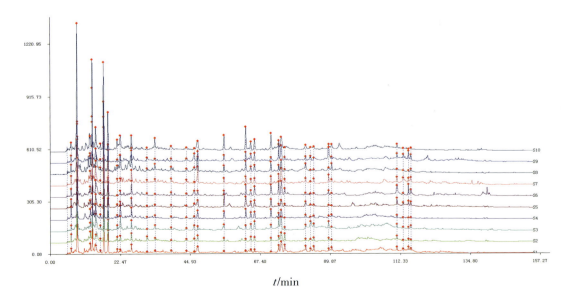

图8—4　10批齿瓣石斛HPLC特征图谱重叠图（270 nm）

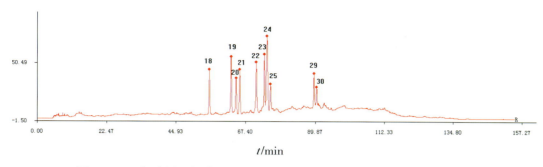

图8—5 10批齿瓣石斛黄酮类成分HPLC特征图谱共有模式（340 nm）

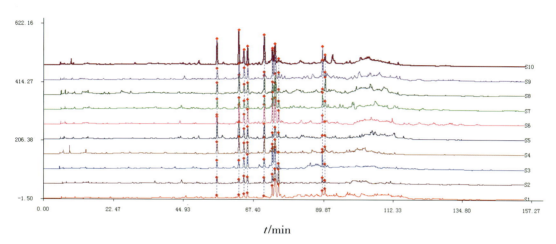

图8—6 10批齿瓣石斛黄酮类成分HPLC特征图谱重叠图（340 nm）

第三节 药理作用

紫皮石斛入药部位一般为茎，味淡、甘，性微寒，传统临床经验表明其具有益胃生津、养肝明目、滋阴润肺、强身健体等作用。现代药理研究发现，石斛多糖等化学成分具有提高免疫力、抗氧化、抗亚急性酒精肝损伤、抑菌等广泛的生物学活性。

一、提高免疫力

免疫力是人体自身的防御机制，是人体识别和消灭外来侵入的任何异物的能力，免疫力的高低影响着人的健康，也一定程度决定人的体质。郭建壮等研究了石斛多糖对经过盐酸林可霉素灌胃致肠道菌群失调小鼠的影响。结果显示，石斛多糖具有升高血清IL-2、调节肠道菌群、提高机体免疫力的作用。李光等观察齿瓣石斛多糖成分对小鼠脾淋巴细胞增殖的影响，结果表明齿瓣石斛多糖具有增强脾脏免疫的作用。宋美芳等通过研究齿瓣石斛多糖对小鼠脾淋巴细胞的作用发现，当齿瓣石斛多糖剂量达30 μg/mL时，可体外显著刺激脾细胞增殖，同时可促进脾淋巴细胞中γ-干扰素和白细胞介素-2的分泌。体内实验则表明，当给药剂量为0.8 g/（kg·d）时，齿瓣石斛多糖可明显增加小鼠足趾肿胀度和脾指数，且对小鼠胸腺指数无影响，提示齿瓣石斛多糖可提高小鼠的免疫活性。

二、抗氧化活性

人体细胞电子被抢夺是万病之源，ROS（自由基）是一种缺乏电子的物质（不饱和电子物质），当自由基或畸变分子抢夺了基因的电子时，人就会得癌症。人体得到负离子后，由于负离子带负电有多余的电子，可提供缺失的大量电子，而阻断恶性循环，癌细胞就可防止或被抑制。清除自由基的能力是评价抗氧化能力的标准之一。张爱莲等采用清除抗氧化活性自由基（ABTS法）进行紫皮石斛抗氧化活性实验，结果表明紫皮石斛的乙醇提取物有一定的抗氧化活性，进一步分段后的活性结果表明其抗氧化活性主要集中在正丁醇部分中的化合物5（鉴定为N-反-对阿魏酰酪胺）和化合物9（波谱数据与4-羟基-3，5-二甲氧基苯甲酸基本一致）。王爽等在体内研究中，取体质量相近小鼠并分组，分别给不同剂量的石斛多糖15天后处死并检测各项指标，结果显示，石斛多糖可提高血清中超氧化物歧化酶肝脏组织中谷胱甘肽过氧化物酶，降低肝脏组织中的丙二醛水平，且没有明显的剂量关系；在体外实验中，通过用邻二氮菲-金属铁离子·H_2O法和邻苯三酚自氧化法，研究了石斛多糖具有清除轻自由基、超氧阴离子自由基的能力，表明石斛多糖具有明显的抗氧化活性。熊丽萍等利用化学发光法对几种石斛进行了抗氧化性能研究，发现紫皮石斛对超氧阴离子为抗氧化作用，随着浓度的升高抗氧化作用得到增强，到一定的浓度表现出极值。

三、抗亚急性酒精肝损伤

长期或大量饮酒会导致酒精性肝损伤，造成正常肝功能的损害以及包括肝病在内的多种慢性疾病的发生。龚晓敏首次对云南紫皮石斛抗亚急性肝损伤药理作用机制进行了研究，结果表明紫皮石斛榨汁液预防性给药能有效抑制AST升高，表明其对亚急性酒精性肝损伤有良好的防治作用。石斛多糖可以加速酒精分解代谢与排出，降低酒精及其代谢产物的细胞毒害作用，进而改善酒精性肝损伤的程度。

四、抑菌

为了开发紫皮石斛这一药用资源，杨晓娜等以龙陵紫皮石斛紫茎为试材，研究其色素的抑菌作用。通过溶剂法提取花色苷，以固体和液体培养基的试验方法，研究了龙陵紫皮石斛花色苷对大肠杆菌、金黄色葡萄球菌、枯草芽孢杆菌的抑菌作用。结果表明，紫鞘型、紫条型、血草型紫皮石斛花色苷对3种菌生长均有一定抑制作用，其对枯草芽孢杆菌抑菌作用较为显著，且抑菌作用与花色苷浓度呈正相关。王琳等采用试管稀释法对龙陵县龙新乡采集的紫皮石斛无水甲醇和水提取物对11种临床常见的病原菌的最低抑菌浓度（MIC）及最低杀菌浓度（MBC）进行测定，紫皮石斛无水甲醇和水提取物对所测试菌种具有良好的体外抗菌作用，其中对金黄色葡萄球菌和白色葡萄球菌的抑制作用最强且无水甲醇提取物的抗菌作用强于水提取物。

五、安全性评价

　　紫皮石斛虽在民间已具有长期的食用习惯，但要将其进一步的开发利用，仍需进行系统严谨的科学研究。浙江省医学科学院吴月国、刘骅、王茵等联合云南品斛堂生物科技有限公司对紫皮石斛采用拌饲法进行了大鼠90天喂养试验，观察其亚慢性毒性，为进一步的开发应用提供科学依据。

　　试验方法SD大鼠随机分为对照组和紫皮石斛低、中、高剂量组 ［4.5g·（kg·BW）$^{-1}$、9.0g·（kg·BW）$^{-1}$、18.0 g·（kg·BW）$^{-1}$］，按剂量要求将紫皮石斛掺入饲料中喂饲动物，对照组喂饲基础饲料，连续给药90天。试验期间每周加食2～3次，称一次体重，计算食物利用率；实验中期和末期检查大鼠血常规、生化指标；试验末取大鼠主要脏器作组织病理学检查。实验结果：90天喂养试验显示紫皮石斛对大鼠各项观察指标未产生明显毒副作用，其最大无作用剂量为18.0 g·（kg·BW）$^{-1}$。结果表明在本试验条件下，未观察到紫皮石斛有明显毒性反应。

龙陵紫皮石斛

第八章 龙陵紫皮石斛现代研究

124

第九章 龙陵石斛

文化

丛林深处，遇见早就等在那里的你，层层叠叠的花瓣，

盛开在最深的红尘里，把岁月读透

让生活满怀诗和远方

脚步要到达的地方，一定听从了心灵的安排，让我得以穿过春风，

抱紧你的腰肢，参悟尘世不解的情缘

第一节　文

❧ 七仙女与紫皮吊兰的传说 ❧

郁云江

相传，玉皇大帝有七个女儿，分别取名为红衣、青衣、素衣、皂衣、紫衣、黄衣、绿衣仙女。

天界戒律森严，七仙女只能日游瑶池，夜宿天宫，年复一年，姐妹们深感寂寞。一日，七仙女朝游瑶池，仙眼俯瞰凡界，一时动了凡心，相约下凡看看人间烟火，释解心中的寂寞。

时值人间四月天，日出时分，七仙女驾着七彩祥云翩翩落在一个名叫勐弄（今龙陵）的地方（图9—1）。仙女们被勐弄景致吸引了，这里茂林葱葱，清风习习，炊烟袅袅，鸟语花香，蜂飞蝶舞，迷得仙女们流连忘返。仙女们来到一块巨石跟前，但见巨石上显出几个字："老象出没的地方"（今邦腊掌），众仙女四处眺望，想看看凡间的大象。大象没有看到，却看见山谷里升腾着一缕缕青烟，姐妹们飘到青烟升腾处，原来是一泓泓热气腾腾的温泉。仙女们顿时心花怒放，便选择了石崖之上的一泓温泉宽衣沐浴（今遗"仙人澡堂"）。

七仙女准备返回天界时，紫衣仙女忽见一只花蝴蝶从青衣仙女的长发上飞起来，就去追花蝴蝶准备带回天宫。追到一棵千年古树下，紫衣仙女见花蝴蝶落在一串垂吊的花朵上，定神细看那花，茎秆青紫，叶泛紫色，雪蕊上飘着紫带，蕊边欢笑着两张金灿灿的半圆脸。姐妹们已经赶过来，紫衣仙女激动地拍着手对姐姐们说："父皇给我取名紫衣，你们看那几串花，也是一身紫色，真是天上有紫衣仙女，地上有紫衣吊兰！"仙语遍传，紫衣仙女的命名就传开了。

天律难违，七仙女不敢久留凡间，就采下古树上的紫皮吊兰带回天宫，种于瑶池旁。此后，每当花开时节，瑶池边总是花香四溢，景致更胜往日。七仙女采下串串吊兰饰于头上，一个个更加姣美。紫衣仙女牵挂母亲，便引王母娘娘前往瑶池观景。王母娘娘来到瑶池，但见满目鲜花盛开，阵阵清香沁入心扉，顿觉神清气爽。王母娘娘想，此花真是奇特，保不定能安神养颜呢，便叫紫衣仙女采来茎花供其泡水饮用，数日后，王母娘娘对镜一看，惊诧自己容光焕发，仿佛年轻了二十岁。即令药工采紫衣吊兰组方入药，制成清肺明目、调养气血、化瘀排毒、滋阴扶阳、养颜益寿多种神丹。

后来，紫衣仙女眷恋勐弄，便将此仙方传入当地。随药方附一纸条，上书"口服仙丹，身沐神汤，愿凡间黎民安康。"

从此，龙陵一带就有了种植、食用紫皮吊兰的习俗和年前年后扶老携幼到邦腊掌洗澡的习惯。

被誉为"九大仙草"之一的石斛为多年生落叶草本植物。据《本草纲目》记载："俗方最以补虚，主治伤中，除痹下气，补五脏虚劳羸瘦，强阴益精；厚肠胃，补内绝不足，逐皮肤邪热痱气，治男子腰脚软弱，健阳，补肾益力，壮筋骨，暖水脏，轻身延年"等功效，在我国传统医学中经历了2 000年以上的应用历史。现代药理研究证明石斛中多糖类成分是石斛具有免疫增强作用和抗肿瘤作用的活性成分。

图9—1　龙陵美丽山野

"俏"龙陵 "骚"石斛

刘 勇

龙陵是一个什么样的地方？为什么会是被称为"仙草"的紫皮石斛的原生地呢？

好吧，今天就让大家见识一下龙陵的"俏"和龙陵石斛的"骚"吧！

先见识一下龙陵俊俏的山水：

龙陵的山：古城山（青藏高原南部山脉高黎贡山最南端）、小黑山（一片因植被茂密而得名的黑森林），整个山系被称为"世界物种基因库""世界自然

图9—2　龙陵美丽山野

博物馆""生命的避难所""野生动物的乐园""哺乳类动物祖先的发源地""东亚植物区系的摇篮"等等，不说别的，光是这些名号你就知道龙陵的山有多牛和在世界山界的地位了吧。当然，它除了有很多高大上的称号外，还发挥了高大上的功能，突兀的阻挡了从印度洋吹来的暖湿气流，在龙陵形成了大量的降雨，让龙陵有了"滇西雨屏"这个唯美的别称，也造就了龙陵冬无严寒、夏无酷暑的温润气候（图9—2）。

龙陵的水：怒江（发源于青藏高原的唐古拉山，藏语叫"那曲河"，入缅甸后改称萨尔温江，注入印度洋，仅次于雅鲁藏布江大峡谷及美国科罗拉多大峡谷的世界第三大峡谷，两条中国最后的未开发的处女河流之一，另一条是不具备开发条件的雅鲁藏布江）、龙川江（发源于高黎贡山森林，由地下暗河和雪水融化汇集而成，中国最秀美、干净的河流之一），中国的国际河流只有10多条，这两条都是。除了雨水的滋润，这两条江环抱龙陵，养育了善良的龙陵儿女，也造就了独特的气候环境。

那么，这和龙陵石斛有关系吗？

当然，如果这么俊俏的山水还不能说明问题的话，再看看这些吧：龙陵海拔535～3 001.6 m、年均降雨量2 100 mm、森林覆盖率67.9%、空气负氧离子10 000个/cm³、年平均相对湿度为85%、全年相对湿度在75%～93%，试问还有什么地方会有这样如仙境舒适的独特环境呢？而这，正是仙草石斛生长的地方，大自然孕育物种的时候从来都不是无缘无故的，只有真正的好山好水好环境才会生长真正的好石斛。

好了，下面再说说龙陵石斛的"骚"吧。

龙陵石斛一"骚"：如果说上帝造物不会把任何东西造得完美的话，龙陵石斛算是个

例外，龙陵石斛除了神奇的功效外，还拥有让人无法忘怀的美丽花朵，说风骚或许不太准确，除了艳丽，它还含蓄、典雅、温婉动人，在山上绿园中它不招摇却一枝独秀，在群花中它没有浓香却秀美入沁（图9—3）。

不多说了，自己好好欣赏吧！

龙陵石斛二"骚"：应该是它的神奇功效吧，究竟神奇在哪里呢？先看看这些吧，中国历代医学名著：《神农本草经》《本草纲目》《药性论》《本草再新》《本草纲目拾遗》《本草衍义》《本草经疏》《本草备要》《日华子本草》《名医别录》《道藏》《中国药学大词典》……历代名医：孙思邈、谢宗万、赵学敏、周岩、倪朱谟、李中梓、缪希雍、贾所学、陶弘景、李时珍、朱丹溪……看晕了吧？名医和名著里可都有石斛功效的记载："味甘，平""主伤中，除痹，下气，补五脏虚劳羸弱""强阴，益智""健阳，补肾积精""治虚损劳弱，壮筋骨，暖水脏""久服厚肠胃，轻身延年"。单独对"轻身延年"做个注解：轻身就是身体健康，延年就是长寿，这个总能理解了吧。在龙陵本地有一句用来形容人到中老年仍身体健康、风韵犹存的女人的古话："这个人骚了起吊兰花"，吊兰花指的就是龙陵石斛，古话中有对人到中年仍风姿不减，如石斛花般美艳撩人的形容，也是民间长期以来对龙陵石斛强身健体、滋阴驻颜、延年益寿功效的认可。如此，龙陵石斛功效的由来已久和应用历史，可见一斑。

最后，口说无凭，要感受龙陵多姿山水的"俏"和龙陵石斛的典雅秀丽、轻身延年的"骚"，就快到龙陵来吧！

图9—3　龙陵"骚石斛"

陪伴石斛生长的时光

李安成

每个人的心里都珍藏着一朵最美丽的花儿，我心里最美丽的花儿是开在云雾之上的那朵无限美丽的吊兰花，它的学名叫石斛。其实，故乡的人们依旧叫它吊兰花，觉得亲切形象，甚至，羡慕其美艳而把时尚的人也说成"风骚了起吊兰花"。

于丹说"诗人是失意的政客，政客是得志的诗人。"中年隐退，忽然想用石斛来寻找田园林泉，体味"久在樊笼里，复得返自然"的超然。我的石斛园，成了我梦里的一处仙境。那里，是山的国度，水的精灵。它，迎合我酷爱山水的秉性，适合石斛恋山依水的需要。它，就在高黎贡山南麓最深处，被称作"地球的肚脐"的邦腊掌热矿泉旁边。那里，山水相偎。看山：群山褶皱千层，紧紧相依，气势翘首称雄，纵横驰骋，南北横贯，磅礴大气，一直延伸至天边。一座座绿色的山头，滴翠的森林漫山遍野。看水：邦腊掌热气氤氲蒸腾，龙川江如蛟龙在山脚缓缓而流。山水相吻滋生的雾霭缭绕山腰，白鹭在雾间穿行，撩拨着青雾随它翩翩起舞招蝶引伴，西南古丝绸之路从此穿越，龙川江两旁田房窝铺里的闲耕农人相互用山歌打情骂俏着。

当你走近如此美景，仙景会将你迷倒，如此曼妙美丽的雾霭，任怎样的光阴荏苒，它都依然牵着你的情慢慢移动，让你恍然觉得，那是月光下流淌着的一条恋河，云雾飘落的田间，依水而居的人家，纯朴自然，层次分明的亚热带植物，多姿多彩。使人对生长在这里的石斛产生无限的美丽遐想、梦绕魂牵！

不知是美景孕育了美丽的石斛，还是美丽的石斛花塑造了美景。天地灵犀孕育着石斛，特别孕育着紫皮石斛的醇香，一如我对大山的向往，对龙川江的敬畏。绿色漫山遍野，浓郁得让人沉醉，又是多么的热情洋溢，犹如山神泼洒的绿汁，丝丝入扣，缕缕如弦，牵扯着人们无尽的情感。我的紫皮石斛喜欢这样的环境，这样的环境给紫皮石斛铺陈了天然温床。

"忽如一夜春风来，千树万树梨花开。"温室里的石斛生根发芽：尖，伸长了脖子无限遥望着酷热的烈日；根，深深扎进大地贪婪吸吻营养。我帮助它轻轻爬上树腰，它就像一只小猴子，悬挂在了母亲的怀抱，一点不示弱地用绿色与苍天大地诉说着让人猜不透的心事。它，绿如翡翠，在朝霞的映衬下，如婴儿的高原红一样润泽，这种大山深处的碧血丹绿，是那么的灵动闪光，是人类情感所无法达到的清澈。人一旦被绿色浸染，他的脑海必如被绿色浆洗过一样，滋生出生机盎然的大千世界，一如眼前的大自然风生水起。我用心用情去呵护石斛，并不贪恋它给自己一对一的回报，而是换得一种旷达持久的心情，勤奋劳作，收获总会让人惊喜。我器重的是生命从喧哗走向宁静的回归。

可是，那夜，当我兴冲冲地搬进园里居住，接待我的是清风明月。"谁道闲情抛掷

图9—4 树腰挂满石斛花

久？每到春来，惆怅还依旧。"一群山麻雀在喋喋不休中消失在石斛林的深处，白天的盛绿一时间变成了茫茫"森林"，黑暗不知不觉降临了，夜食鹰招侣引伴的声音并不可爱，一如野猫叫春的声音，让人毛骨悚然。此刻，大自然的接待与白天形成巨大的反差，让我冷清心凉。夜，静极了，不时有小虫子爬到火塘边来，爬上我的脚，我的身。我无法入睡，目光从没有遮拦的屋山头静静地远眺，目送洁白的圆月西行。我被美传唤醒：想着嫩绿的石斛不几天就开花了，满园的树腰挂满鲜花，一串串，整片森林成了一个大花园，花竞相开放，热闹无比，姹紫嫣红，我的心沸腾，思绪如野马不断驰骋，无数的美梦如山泉涌出，美梦滋润着我，山泉滋养着石斛，一夜复一夜（图9—4）。

远方文友要来看我，心志忐着等待相见，不知是激动还是惭愧。天没亮就起床，老天总是下着绵绵细雨，一点没有消停的意思，思念变成了熊熊火苗，肆无忌惮地舔食我的思绪。想到，独居山野，月光照土屋的日子，思念被我深深隐藏进了无尽的忙碌里，不免为突然的相见感动，唯有将爱的思念交给了伴随石斛一起生长的青山，交给了漫道长歌。

相见的寒暄竟是："都这把年纪了，还骚了起吊兰花（图9—5）"。民以食为天，"一壶浊酒喜相逢。古今多少事，都付笑谈中。"邻寨名慧的山姑过来帮我采石斛花招待远客，她的小蛮腰在风中玲珑摇摆，纤细的手指在花间飞舞，腼腆脸颊酷像含苞欲放的石斛花，似乎有意与风骚的石斛争奇斗艳。她家的寨名叫邦腊掌，是傣族译音，意为大象出没的地方，现在寨子已经没有傣族居住了。慧的一颦一笑、亦步亦趋、灵动多姿，酷似傣族，我更愿意承认她是傣族的后裔。客人把这种朴素画面一一定格成"美在自然"的照片。

我用乡民给我用于御寒的小锅酒，再泡了些石斛花，招待客人，吃起来更加滋润甘甜。开怀畅饮，"对酒当歌，人生几何？"一醉方休。没有熊掌鲍鱼，更没有八碗九碟，就近取材做了几碗野菜——大红菌炖鸡（鸡是石斛园里的虫草卫生员）、石斛花炖蛋、拌野芹菜、香菜小炒、嫩苦藤芽烧汤（石斛园边的绞股蓝尖）、生拌鱼腥菜根。我说：简简单单不成敬意。朋友笑了，说：野味佳肴，山珍家宴，无处可品。一个个吃得憨态百出。小雨绵绵不断，云雾像有意编织一场美丽的邂逅——人不留客天留客。酒到甜时话语多，有人劝我不应当独守孤山，过苦行僧一般的隐居生活。可谁知道，人在山中，田园的况

第九章 龙陵石斛文化

龙陵紫皮石斛

味，永远是一种不可或缺的充电。陶渊明"少无适俗韵，性本爱丘山。误落尘网中，一去三十年。羁鸟恋旧林，池鱼思故渊。开荒南野际，守拙归田园。"就是我此时的写照。

日复一日，石斛风长，我与石斛两相忘。淡忘了那些红尘中不该忘记的人和事，只有春夏秋冬和花开花落最为珍贵地永存心田。当你可以真正舍弃与放下的时候，你就唤回了如"吊兰花"一样美丽的一方洁净田园。

人在高处，会向两个方向眺望，一端眺望无比辽远的世界，另一端望见无比深邃的内心。我想，石斛本是一株平凡的小草，本该生长在腐土俗地里，可是它不甘平庸，顺着树干向上爬，再受雾岚细雨的浸润，终于脱胎换骨成为高贵的仙草。

陪伴石斛生长，"天若有情天亦老，月若无情月长圆。"我感受到了在城市里未能感受的自然法道、四季轮回，春晨鸟欢悦、夏夜听蝉鸣、秋悲悼落叶、冬藏寻诗语。品读石斛是我做人的一次修炼。我坚信，山花野草都是有灵性的，我短暂地接近生长石斛的山水尚可通灵，千百年生于斯长于斯的石斛必定可以吸取天地精华，惠顾子民，普度众生。

秋天将至，听说，慧也要远嫁他乡了，石斛花成了她对故乡深切的、永远的寄托与思念。今年又是一个丰收年。我的石斛褪去了翠绿的嫩叶，一条条饱满丰腴，呈现出金黄，它将带着高山野水的霸气，饱含雨露雾气的恬静温润，走进千家万户，抚慰心灵，通络疗伤，供人品尝。我也将带着被春花秋月涤荡得宁静宽广的心灵，回归华美之后的凋敝，等待来年春暖花开，再来陪伴您——石斛。

图9—5　风骚吊兰花

阿城的故事

马新超

（一）

安顿好妻儿，阿城坐在窗前发呆。桌上，石斛花茶散发着清香。窗外是新建好的文化大院，路灯下，秋千椅在风中微微摆动着。

阿城端起茶杯喝了一口，闭着眼回味了好一阵。

"阿城走了狗屎运，娶了个大学生。"在石斛花茶的清香中，村里人常说的这句话浮现在脑海中，他下意识地朝里屋看了一眼，琳已经睡熟了。

琳是林业大学的高材生，毕业后，回到了阿城所在的小城工作。初识琳时，琳刚接到大学录取通知书。那天，阿城从城里乘车返回，琳就坐在他旁边。一路上，阿城注意到琳一会儿愁容满面地看着手中的通知书，一会儿紧闭着眼靠在座椅上，轻轻地叹出一口气。

"小姑娘，怎么小小年纪就这样心事重重？"阿城找着话题和琳聊天。

"没什么。"琳很敏感地答道。她打量了一下阿城，觉得他并没有恶意，便又说："我接到了录取通知书，但家境不好，我想把机会留给弟弟，又觉得不甘心。"

"哦。"阿城轻轻应了一声，突然想到了自己。那时候，自己成绩优异，若不是家境贫寒，自己也该大学毕业了。想着，想着，不禁湿了眼眶。

阿城把头转向窗外，一只鹰在山头盘旋着。阿城觉得自己就像这只鹰一样，无依无靠。

母亲去世后，父亲再娶，随继母外出务工，从此杳无音讯。为了挣学费和零用钱，阿城常常独自一人进山里采摘石斛。

荆竹坪多原始森林，原始森林中多附生着石斛。阿城打小就喜欢爬树，一边爬一边在枝丫间搜寻着野生石斛。石斛花艳丽多姿，但在阿城的眼中，每一株石斛都将是一顿饭或一本作业本。

这样想过之后，阿城瞥了一眼旁边这个女孩，发现她脸白白的，嘴角上有两个细小的酒窝，忽隐忽现。眼睛很明亮，弯弯的眉毛又细又长。阿城想，若她笑起来一定很美。

（二）

阿城还是辍学了。

辍学后，阿城不得不和村子里的其他人一样按着节令埋头干自己的活。有空闲的时候，阿城总喜欢爬到树顶上眺望远方。他不明白远方有什么，更不明白为什么父亲会狠心留下他奔向远方。

"阿城，你小时候爬树可厉害了，望天树上的石斛你都摘得到，和你爷爷一样。"奶奶年纪大了，很多事情已记不清楚，却总是重复着这句话。

望天树是荆竹坪人对高耸入云的大树的别称，荆竹坪的原始森林中到处生长着这种古树，尤以黄草梁最多，树上附生的石斛也最多。自从父亲随继母远走他乡后，爷爷就是靠着采摘望天树上石斛来维持一家人的生活。那时候，爷爷身手矫健，是个爬树能手，而现在，早已化成了黄草梁的一抔泥土。

"奶奶，现在已经不进山采石斛了，在大棚里人工种植。"阿城凑到奶奶耳边说。

"不进山了？那黄草梁得有多少石斛呀。阿城，趁别人还没进山，你赶快去摘，明早就去，哦，不，现在就去"，奶奶显得有些兴奋。"你小时候爬树可厉害了，望天树上的石斛你都摘得到，和你爷爷一样。"奶奶说着又陷入沉思中，好一会儿才抬起头来。"要是你爷爷还在就好了。唉，这个短命的。"

阿城不知道该怎样接奶奶的话茬。想了想，说："奶奶，今年的石斛长得可好了，都这么长了。"他一边说，一边用手比划着。"等把石斛卖了，我想把房子拆了重新盖一盖。"听着阿城的话，奶奶又朝着黄草梁的方向看了一眼，脸上泛起了一丝笑意。

（三）

阿城的房子并没有建起来，他把卖石斛的钱给了琳，让琳帮他完成上大学的心愿。一时间，村子里炸开了锅。

一天，村支书抄着手背、叼着烟斗到阿城的石斛棚，道："阿城啊，不是叔说你，你不厚道呀。你放着村里人不接济，你接济外人做啥？难道是被迷了心窍？"说完狠命地抽了一口烟，接着说："不过话又说回来，琳这孩子我也曾见过，人长得标致，笑起来像朵花一样，又是个大学生。阿城，眼光不错呀！"说完，脸上泛着诡异的笑。

阿城心里清楚，支书是在嘲笑自己癞蛤蟆想吃天鹅肉。那一夜，阿城辗转反侧，天蒙蒙亮时才勉强入眠。

"阿城，起床了，有客人来找你。"在奶奶的催促中，阿城才昏昏沉沉地起了床。

阿城看见，琳站在她母亲后面，怯生生的，像个新媳妇似的。

第一次看到琳，阿城注意到奶奶浑浊了很长一段时间的眼睛突然明亮了起来，眼睛眯成了一条缝，特别好看。她拉着琳的手，家长里短地问了一通，像是寻到了失散多年的孙女一般。

琳起初有些害羞，慢慢便熟识起来了，两个酒窝像两朵盛开的石斛花，认真，自然。

琳一家走后，奶奶拉着阿城的手，又家长里短地说了一通。从爷爷走后，奶奶很少像今天这样兴奋。

阿城把奶奶扶进里屋，换了套衣服又向石斛棚走去。经过山坳的时候，阿城注意到远山上盘旋着一只鹰，不知为什么，这一次，阿城竟觉得鹰很自由。他张开双臂，欢呼着奔跑起来，像一只鹰。

（四）

放下电话，阿城脑海中只剩下一株盛开的石斛花。

琳读林学专业，她告诉阿城，她正跟着导师做利用林下土地资源和林荫优势，发展林下种植、养殖等立体复合生产经营的生态农林业发展模式的科研课题。在外出考察时，她发现一些地方林下原生态栽培的石斛长势喜人，质量很好。于是，她第一时间将仿野生种植石斛的想法告诉了阿城，并透露说学校不久将到荆竹坪进行考察，并在技术和管理上给予支持。

阿城在望天树上采摘石斛时也曾有过类似的想法，那时候，每次在树丫间寻获石斛，阿城都会惊叹于石斛的生命力，也就是在这时，滋生了仿野生种植石斛的想法。他想，长在大棚里的石斛缺少风吹日晒，难以脱胎换骨成为仙草。

在黄草梁的半山上，阿城家有十多亩杂木林，无霜多雾的林间正适合石斛生长。阿城以20亩山林做抵押，贷了款在杂木林里仿野生种植石斛。村里人都说阿城疯了，关于琳的流言也开始传开来。一个常帮人家算命的邻居说琳命理不好，前世是个赌徒，下世是个公主，今世是在还前世的债。因欠债太多，她一个人还不了，所以拉着阿城跟她一起受苦。一向迷信的奶奶这次却不以为然，她凭"麻衣相"便知道琳是个旺夫的好姑娘。

（五）

石斛园建起来了，远远看去就是一片森林，但走进园内，仿若走进了一个奇幻的世界——一丛丛石斛苗用稻草绳、棕皮绑在树干上，一圈一圈的，却依然长出青青的叶，壮壮的茎秆。

听说阿城仿野生种植石斛，寨子里的人都觉得新鲜，时不时到阿城的石斛园转转。但看了一圈之后，都觉得丰收无望，便又说些宽人心的话离开，临走还不忘摘一株花藏在兜里回家泡茶喝。

12月的一天夜里，北风呼啸，荆竹林发出恐怖的声响，惹得村子里的狗狂吠不止。阿城躺在床上，满耳都是风刮过屋顶的呜呜声，劳累了一天的身体怎么也无法入眠。突然，耳畔传来冰雹打在瓦片上的声音，越来越快，越来越重，像是要把瓦片打碎似的。后半夜，出奇地冷。阿城蒙头盖被都没能暖和起来。

"完了"阿城心想。"雪上加霜，什么都给冻坏了，我的石斛白种了。这是什么鬼天气呀，唉……"一瞬间，村里人关于琳的流言在脑海中复活，阿城只觉得后背发凉。

阿城一夜无眠。

天蒙蒙亮时，阿城爬起来披蓑戴笠往石斛园赶去。一路上，他看到的全是东倒西歪的草木和遍地的落叶，低洼的地方还堆积着厚厚一层冰雹，原野里白茫茫一片。阿城心头一紧，绝望漫上心头，不由得放慢了脚步。

走进石斛园，阿城发现自家的石斛并未受到太大的影响，几株石斛甚至开出了花来，经风沐雨后更加惹人喜爱。阿城长长地舒了一口气，黎明的曙光一点点弥散开来。

（六）

阿城的石斛卖了好价钱。

一时间，阿城成了村里的"名人"。一位老人摸着花白的胡须感叹道："我一辈子上山采摘石斛，对深山老林了如指掌，我站在这座山头就知道对面哪棵树的枝丫上，或是哪座悬崖峭壁的崖缝里生长着石斛，却没想到将找来的石斛种到树上，哎，没进过学堂门害死人们纷纷回想起阿城打小就喜欢爬到树梢上向山外远眺，那时只当是阿城喜欢卖弄爬树本领，想不到这小子是在思考产业发展的路子。常帮人家算命的邻居也改了口，说琳和阿城的命理都不好，但一相遇之后便化解了，将来定将大富大贵。村里人看了看阿城的石斛园，想想琳是个大学生，觉得这话也有道理。

面对村里人的评论，阿城一如既往地将精力投入到仿野生石斛的种植里。半年后，人们惊奇地发现，阿城又扩种了好几亩石斛。后来，传闻阿城一次性赚了几十万元。

阿城并没有像村里人猜测的那样开起了轿车，依旧骑着那辆"豪爵牌"摩托车风里来雨里去，只是比以前更忙了。

一天，天蒙蒙亮，早起的人在朦胧中看见阿城骑着摩托车出了村。一个星期后，阿城回来了，一同到来的还有一辆轿车和一辆中巴车。怕生人的孩子躲在墙角看车上走下来一个个穿西装的人。

后来人们才得知，阿城是到琳的学校去了，这些人是琳请来的石斛研究方面的专家，专门研究仿野生石斛种植的。阿城再次成了村里的"名人"。

（七）

毕业后，琳到阿城所在小城的林业服务中心工作，阿城则将仿野生石斛种植基地扩建到了上百亩，村里很多的人都成了基地的员工。

一年后，一个集种植、研发、加工、销售为一体的城琳石斛专业合作社在荆竹坪成立，先后开发出了石斛花茶、鲜条、枫斗、石斛酒等系列产品，打造了一条从生产到终端的"一条龙"产业链。

"这专业合作社还真能带来财富，我以前怎么没想到呢？唉，读书时不该逃学去看猪的。"每一次村支书抄着手背，叼着烟斗从城琳石斛专业合作社前经过都会想到这么一句话。

"阿城这小子，眼光真不错！"坐在由城琳石斛专业合作社出资建成的文化大院里，支书的脸上没有了诡异的笑容，全是羡慕的目光。

去年初，文化程度初中没毕业的阿城将女大学生琳娶进了门，成了村里的一件大事。人们都说阿城因石斛起家，又因琳发家致富。婚后，阿城的梦里常出现一株盛开的石斛花。

（八）

夜越来越深了，阿城关了灯。窗外，秋千椅在路灯下微微摆动着。屋檐下，一株石斛正忘情地盛开着。

第二节　联

咏石斛

房家维

人间神品；树上吊兰。

斛中长寿酒；石上俏佳人。

百亩山林藏世界；一株仙草是石斛。

养颜润口斛中酒；悦目赏心石上花。

中药精华医未病；石斛枫斗驻颜丹。

不是仙家长寿草；分明大众养生方。

品黄草佳肴，滋阴清热千年润；
听吊兰故事，益气生津百岁春。

抱树生根，神驰万里回春醉；（酒）
倚石长草，魂梦千年润口香。（茶）

林兰补虚，幽香奇质，清纯天性山间孕；
黄草有情，玉蕊无尘，淡雅人生杯中藏。

煮枫斗上汤，入锅中别有风情，谁说药道非厨道；
摘吊兰玉蕊，烤箱内依然本色，我懂茶香即花香。

第三节　诗

❖ 石斛自述 ❖

赵秀龙

（一）

常住悬崖树权间，餐风饮露伴云天。

感君邀我临阡陌，遍野凉棚好家园。

（二）

人称我是草中仙，明目清肝若等闲。

与时俱进新功效，益胃生津又养颜。

（三）

天然居室蓄精华，药食同源复为茶。

此身本是民间有，益寿延年百姓家。

图9—6　常住悬崖树权间　人称我是草中仙

赞龙陵紫皮石斛

李志光

高黎横亘破云天，
龙怒环抱润极边。
上苍偏惠龙陵雨，
林木葱茏蕴特产。
紫皮石斛一枝秀，
功效养生滋容颜。
人间仙草垅上采，
你我岂不度神仙。

图9—7 林木葱茏蕴特产

咏石斛

杨吉强

（一）

千寻万觅出深山，
市场走俏非等闲。
粉身熬煮何须怕，
效用神奇惠人间。

（二）

古箐深处是我家，
今朝园圃褚芳华。
昔时神品民间有，
益寿延年胜仙茶。

图9—8 古箐深处是我家

石斛新潮

王春常

深山密林养得娇容俏，
身居树丫岩缝迎风笑。
一年一度娇姿显芳华，
赢得小草价比黄金高。
民间依形俗称吊兰花，
医者赋名石斛和黄草。
养生防病功效属上品，
千年古方而今成新潮。

走出深山迈进园圃中，
集体亮相娇容更俊俏。
春风有意适时来亲近，
尽显花容茎条如珍宝。
耕者勤奋花艳茎条壮，
赏花过后得到好回报。
精心加工茎条成枫斗，
惠及天下客主领风骚。

图9—9 田 园

龙陵紫皮石斛

尹世贤

（一）

滇西龙陵是宝地，
绿水青山多珍奇；
天然药厂名声远，
紫皮石斛数第一。

（二）

髯须喜附虬枝生，
嫩叶迎风初染翠；
花拥紫茎一串串，
恰似蝴蝶翩跹飞。

（三）

石斛自古称仙草，
爱在人间品自高；
滋阴润肺调气血，
养生治病有奇效。

石斛之歌

赵天福

苗条的英姿，
灿烂的花朵；
清风传播你的故事，
雨露培育你的传说；
天地灵气盈一身，
滋养身心一仙药；
古今传佳话，
盛世唱赞歌。

平凡的身姿，
寻常的花朵；
前朝宫廷寻万寿，
今朝百姓求康乐；
大爱大美奉天下，
甘为人间祛疾弱；
山中一株草，
世上一仙药。

图9—10 灿烂的花朵

十月里的一朵石斛花

马新超

（一）

从林深处，遇见早就等在那里的你
层层叠叠的花瓣，盛开在
最深的红尘里
把岁月读透
让生活满怀诗和远方

脚步要到达的地方
一定听从了心灵的安排
让我得以穿过春风，抱紧
你的腰肢，参悟尘世不解的情缘

（二）

草尖上的露珠，将一个季节进行诠释
石斛棚早已盛不下这沉甸甸的黄
一朵花离开花枝
我听见，季节轮回的脚步声
在落花声里被拉长

采收石斛的农人
笑容比石斛花还灿烂
一株植物的生与死，如同
缄默的大地，充满了沉默不语的慈悲

（三）

于最多情的年纪，遇见扭枫斗的女孩
从石斛鲜条到枫斗的蜕变里
我的心绪，在她的指尖
缠绕成打不开的结
又被炭火烤干

整个村庄早已睡去
我还醒在指尖的技艺里
远处不时传来夜鸟的梦呓，或许
它也迷恋着这个能把日子编成花朵的姑娘

图9—11　遇见扭枫斗的女孩

咏 石 斛

杨永然

南国有仙草，其名为石斛。
喜居高枝间，荫翳通透处。
其叶如似竹，其根犹似韭。
其茎多肉汁，其花艳妩媚。
繁殖极为快，生命力尤足。
种子能发芽，节根芽皆出。
枝条若受损，芽即从旁出。
生长有适地，冷热均不服。
春来发新芽，秋末能成熟。
叶落为成品，肉条即收获。
食之有奇效，青春颜永驻。
奉劝世君子，多予重此物。
修德读诗书，养生饮石斛。
久服可长生，毫釐疾病无。

参 考 文 献

[1] 吉占和,陈心启,罗毅波,等.中国植物志,第19卷.[M].北京：科学出版社,1999.

[2] WU Z Y,RAVEN P H,HONG D Y,et al. Flora of China, vol.25（Orchidaceae）[M].Beijing:Science Pressand St.Louis:Missouri Botanical Garden Press,2009.

[3] 中国科学院昆明植物研究所.云南植物志[M].北京：科学出版社,1999.

[4] 徐志辉,蒋宏,叶德平,等.云南野生兰花[M].昆明：云南科学技术出版社,2010.

[5] 罗纶,李文渊.康熙《永昌府志》[M].1702.

[6] 宣世涛.乾隆《永昌府志》[M].1785.

[7] 刘毓珂.光绪《永昌府志》[M].1885.

[8] 张鉴安,寸晓亭.龙陵县志[M].1917.

[9] 陈景东.龙陵县志[M].北京：中华书局,2000.

[10] 赵菊润,刘勇,蒋习林,等.齿瓣石斛新品种及良种龙紫1号的选育[J]. 林业调查规划,2014,39（3）:111—113.

[11] 伍淳操,明兴加,赵纪峰,等. 齿瓣石斛群体性状的变异及主要成分分析[J]. 中国农学通报,2012,28（24）:46—51.

[12] 孙星衍,孙冯翼.神农本草经[M].集文书局,1976.

[13] 陶宏景.名医别录[M].南北朝.梁代,约公元3世纪.

[14] 兰茂.滇南本草[M].1436.

[15] 吉占和.中国石斛属的初步研究[J]. 植物分类学报,1980（18）4:427—448.

[16] 郑博仁.云南石斛药材现状及原植物[J]. 中国中药杂志,1980（1）:9—12.

[17] 李满飞,平田义正,等. 中药石斛类多糖的含量测定[J].中草药,1990（10）:10—12.

[18] 不祥.云南中药名录[M].昆明:云南科学技术出版社,1990.

[19] 王艳,潘扬,马国祥. 西双版纳的石斛资源调查及鉴定[J].中国野生植物资源,1995（3）:41—43.

[20] 马国祥,徐国均,徐珞珊,等. 商品石斛的调查及鉴定（Ⅲ）[J].中草药,1995（7）:370—372.

[21] 杨永红,白巍,冯德强,等.拉祜族药"鹅母架那此"[J].中国民族民间医药,1985（5）:38—39.

[22] 包雪声,顺庆生. 上海市石斛类药材的调查与鉴定[J].中药材,1999（2）:61—63.

[23] 包雪声,顺庆生,叶愈青,等.石斛类药材枫斗的历史与现状[J].中药材,1999（10）:540—542.

[24] 包雪声,顺庆生,陈立钻,等. 中国药用石斛彩色图谱[M].上海:上海医科大学出版社,2001.

[25] 顺庆生.中药石斛的新资源——齿瓣石斛（紫皮）[J].中国现代中药，2011（11）： 23-24.

[26] 冉懋雄.石斛[M].北京:科学技术文献出版社,2002.

[27] 甘小娜,徐英,徐红,等.紫皮石斛的质量标准研究[J].中国中药杂志,2013（23）:4113—4118.

[28] 黄月纯，杨丽娥，魏刚，等.齿瓣石斛HPLC特征图谱[J].药物分析杂志，2012（11）：2071-2076.

[29] 明兴加,王娟,王海军,等.齿瓣石斛不同营养器官多糖的含量测定[J].重庆中草药研究,2011（01）:57.

[30] 沈研,周志宏,杨耀文,等.齿瓣石斛化学成分的研究[J].天然产物研究与开发,2012（03）:339—341.

[31] 杨柳.铁皮石斛和齿瓣石斛的化学成分与生物活性研究[D].安徽中医药大学,2013.

[32] 王再花,李杰,章金辉,等.石斛属植物多糖与生物碱含量的比较研究[J].中国农学通报,2015（24）:242—246.

[33] 王洪云,李铭,郝俊杰,等.齿瓣石斛研究进展[J].中华中医药学刊,2014（11）:2732—2735.

[34] 孟志霞,董海玲,王春兰,等.齿瓣石斛化学成分研究[J].中国药学杂志,2013（11）:855—859.

[35] 郑志新,李昆,张昌顺,等.云南龙陵齿瓣石斛化学成分分析测定及栽培方式选择[J].安徽农业科学,2008（04）:1426—1427.

[36] 黑仕福.浅析野生紫皮石斛人工栽培的有效途径[J].农业开发与装备,2015（02）:134—135.

[37] 陈玲玲,杨发建,王洪云,等.齿瓣石斛最新研究进展[J].亚太传统医药,2015（14）:31—33.

[38] 郭建壮,成正祥,祁冬冬,等.应用PCR—DGGE法评价石斛多糖对肠道微生态失调的调节作用[J].中国微生态学杂志,2012（10）:873—875.

[39] 李光,宋美芳,李宜航,等.不同种类石斛多糖成分对小鼠脾脏免疫功能的影响[J].中国临床药理学与治疗学,2012（10）:873—875.

[40] 宋美芳,李光,陈曦,等.两种石斛多糖提高小鼠免疫活性的初步研究[J].中国药学杂志,2013（06）:428—431.

[41] 陈景藻.现代物理治疗学[M].北京:人民军医出版社,2001:186—195.

[42] 张爱莲,于敏,徐宏化,等.齿瓣石斛的化学成分及其抗氧化活性[J].中国中药杂志,2013（06）:844—847.

[43] 王爽,弓建红,张寒娟,等.石斛多糖抗氧化活性研究[J].中国实用医药,2009（30）:15—16.

[44] 熊丽萍,万屏南,衷友泉.几种石斛多糖的提取分离及其抗氧化性能研究[J].江西中医学院学报,2006（04）:55—56.

[45] 杨晓娜,徐玲,赵昶灵,等.龙陵紫皮石斛花色苷色素抑菌作用初探[J].科学技术与工程,2015（14）:139—143.

[46] 王琳,王涛,杨敏,等.齿瓣石斛提取物体外抗菌作用初步研究[J].安徽农业科学,2012（17）:9338—9339.

附　件

附件一

云南省食品药品监督管理局
标　准

云TNZYC-0329-2010

齿瓣石斛

Chibanshihu
CAULIS DENDROBII DEVONIANI

本品为栽培品的兰科植物齿瓣石斛*Dendrobium devonianum* Paxton.的干燥茎。11月至翌年3月采收，除去杂质、须根，干燥。

【性　状】本品茎呈圆柱形，长20～70 cm，直径0.2～0.5 cm，节间长2.5～4 cm。表面金黄色、黄绿色或有部分呈紫色，可见较多细纵棱，有残留的膜质叶鞘，紧贴于茎上。质硬而脆，易折断，断面较平坦，略呈纤维性。气微，味微甜，嚼之稍有黏性。

【鉴　别】取本品粉末5 g，加甲醇50 mL，加热回流60分钟，放冷，滤过，滤液蒸干，残渣加水20 mL使溶解，再加三氯甲烷20 mL振摇提取，弃去三氯甲烷液，水液加稀盐酸调pH值至2.0，加乙酸乙酯20 mL振摇提取，分取乙酸乙酯液，挥干，残渣加甲醇1 mL使溶解，作为供试品溶液。另取齿瓣石斛对照药材5 g，同法制成对照药材溶液。照薄层色谱法（《中国药典》一部附录）试验，吸取上述两种溶液各10 μL，分别点于同一硅胶G薄层板上，以甲苯－三氯甲烷－丙酮－甲酸（3.5∶1∶1.5∶0.1）为展开剂，展开，取出，晾干，喷以1%三氯化铝乙醇溶液，晾干，置紫外光灯（365 nm）下检视。供试品色谱中，在与对照药材色谱相应的位置上，显相同颜色的斑点。

【检　查】水分　照水分测定法（《中国药典》一部附录）测定，不得过12.0%。

总灰分　不得过6.0%（《中国药典》一部附录）。

【浸出物】照醇溶性浸出物测定法项下的热浸法（《中国药典》一部附录）测定，用稀乙醇作溶剂，不得少于18.0%。

【**性味与归经**】 甘、微寒。归胃、肾经。

【**功能与主治**】 益胃生津，滋阴清热。用于热病津伤，口干烦渴，胃阴不足，食少干呕，病后虚热，骨蒸劳热，目暗不明，筋骨痿软。

【**用法与用量**】 6～12 g。

【**贮　藏**】 干品置干燥处。

紫皮石斛 第1部分：产地环境

1. 范围

本部分规定了紫皮石斛产地环境条件及产地选择要求。

本部分适用于紫皮石斛产地的选择。

2. 规范性引用文件

下列文件对于本文件的应用是必不可少的。凡是注日期的引用文件，仅所注日期的版本适用于本文件。凡是不注日期的引用文件，其最新版本（包括所有的修改单）适用于本文件。

GB 3095 环境空气质量标准

GB 5084 农田灌溉水质标准

GB 15618 土壤环境质量标准

3. 产地环境条件

3.1 地理环境

海拔1 200～2 400 m，以1 400 ～1 800 m为宜；年平均空气相对湿度65%～85%，以75%～85%为宜。

3.2 环境空气质量

符合GB 3095的二级标准。

3.3 用水质量

符合GB 5084的规定。

3.4 土壤（基质）环境质量

符合GB 15618的二级标准。

3.5 气候条件

年平均气温14～20 ℃，以16～18 ℃为宜，极端最高气温＜32 ℃，极端最低气温＞-2 ℃，无霜期200 ～300天；年平均降雨量1 000 mm以上，以1 800～2 200 mm为宜；年日照时数＞1 800小时，以＞2 000小时为宜。

4. 产地选择要求

选择光照较充足、通风向阳，通水、通电、通路，坡度＜20 °的阳坡或平地。

ICS 65.020.20

B 15

中华人民共和国国家质量监督
检验检疫总局备案号:37424－2013

DB53

云　南　省　地　方　标　准

DB 53/ T 290.2—2013

代替 DB 53/T 290.2—2009

龙陵紫皮石斛

附件

紫皮石斛　第 2 部分：种苗培育

2013－04－15发布　　　　　　　　　　　　　2013－07－01实施

云南省质量技术监督局　　　发　布

155

4.1.3 播种

4.1.3.1 方法

将采收的蒴果切开，取出种子，按1份种子1 000份清水的重量比例调和后喷洒于育苗基质上，保持基质湿润。也可按1份种子1 000份鲜牛粪的重量比例充分拌匀后，涂抹于育苗基质上，保持基质湿润。

4.1.3.2 时间

立夏前后10天。

4.2 扦插苗培育

宜在11～12月份，选取生长健壮、无病虫害的鲜茎条，经阳光曝晒使其切口收缩、茎条适当失水后置于室内阴凉干燥处常温存放，立春后适当加温，见芽见根时以每段2～3节切断平置或斜插于培养基质中，遮光，保持阴凉湿润的条件。

4.3 高芽培育

当老茎条节间长出新芽，并有气生根长出时，将有芽、有气生根的茎节剪下定植。

4.4 无菌种子培育

将采收的蒴果，用酒精或次氯酸钠等灭菌处理后，点播于经灭菌的培养基中，经继代扩繁形成生根苗。

4.5 分株培育

将老蔸按每丛2～3苗分株后定植。

4.6 组织培育

用植物的某个器官的部分组织或细胞，在无菌条件下进行培养，获得再生完整植株。原球茎继代控制在8～10代，不定芽继代控制在6～8代。

5. 苗木质量

5.1 合格苗木分Ⅰ、Ⅱ、Ⅲ三个等级，以综合控制条件、苗高和中间直径确定。

5.2 综合控制条件达不到要求的为不合格苗木，达到要求者以苗高和中间直径两项指标分级。

5.3 综合控制条件为：生长健壮，无检疫对象病虫害，色泽正常，无机械损伤，每株具有3条以上根，每条根长5 cm以上。

5.4 苗木质量等级见表1。

表1　苗木质量等级

级　别	指　标			
	根量条	根长（cm）	苗高（cm）	中间直径（cm）
Ⅰ级苗			≥15.0	≥0.4
Ⅱ级苗	≥3	≥5.0	≥10.0～＜15.0	≥0.3～＜0.4
Ⅲ级苗			≥5.0～＜10.0	≥0.2～＜0.3

6. 抽样

6.1　组批规则：同一品种在同一苗圃，用同一批繁殖材料，采用基本相同的培育技术培育的同龄苗木作为一个检测批次样品。

6.2　抽样方法：按DB53 062附录A执行。

7. 检测规则

7.1　苗木成批检测。

7.2　检测工作应在苗木出圃时进行。

7.3　综合控制条件是苗木检测的必达条件，苗高和中间直径是苗木质量等级检验的主检项目。

7.4　每批种苗交收前，生产单位都要进行交收检测。交收检测内容包括种苗的质量、标志和包装。

8. 检测方法

8.1　根量：采用目测方法进行。

8.2　根长：用精确度为1 mm的计量器具测量，从根基处量至根端，读数保留到小数点后一位。

8.3　苗高：用精确度为1 mm的计量器具测量，从茎基处量至茎端，读数保留到小数点后一位。

8.4　中间直径：用精确度为0.5 mm的游标卡尺测量，读数保留到小数点后两位。

9. 判定规则

9.1　单株苗木的质量等级确定应是该株苗木完全符合级别的所有质量要求和规格分级要求条件，才可判为该级别的苗木。

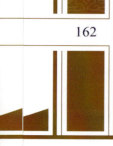

前　言

本部分按照GB/T 1.1—2009《标准化工作导则 第1部分：标准的结构和编写》给出的规则起草。

DB53/T 290《紫皮石斛》分为以下3个部分：

——第1部分：产地环境；

——第2部分：种苗培育；

——第3部分：生产技术规程。

本部分为DB53/T 290的第3部分。

本部分整合了DB53/T 290.3—2009《紫皮石斛 第3部分：生产技术规程》和DB53/T 290.4—2009《紫皮石斛 第4部分：质量安全要求》两部分的内容，与其相比，除编辑性修改外主要技术变化如下：

——增加了第3章术语和定义；

——把场地选择、基质准备、栽培三章合并为栽培方式一章，并进行了修改；

——修改了生产管理；

——修改了病虫害防治，调整为附录A《主要病害防治》、附录B《主要虫害防治》；

——修改了采收和加工；

——删除了档案建立与管理；

——修改了感官指标；

——修改了理化指标；

——修改了抽样；

——修改了检测规则；

——修改了组批规则；

——调整了检测方法；

——修改了判定规则；

——修改了保质期；

——增加了附录C《显微鉴别》、附录D《理化鉴别》；

——把附录A《紫皮石斛中粗多糖的测定方法》调整为附录E《多糖测定》，并进行了修改。

本部分由龙陵县人民政府提出。

本部分由云南省林业标准化技术委员会（YNTC02）归口。

本部分起草单位：龙陵县质量技术监督局、保山市质量技术监督综合检测中心、龙陵县林业局、龙陵县石斛协会、云南省龙陵县科学技术协会、龙陵县石斛研究所。

本部分主要起草人：裴兴毕、梅丽宝、赵兴灿、张学文、刘家保、段兴恩、刘勇、张绍龙、杨必虎、孙祥厚、廖勤昌、杨宏俊。

本部分代替了DB53/T 290.3—2009和DB53/T 290.4—2009。

DB53/T 290.3—2009和DB53/T 290.4—2009为首次发布。

紫皮石斛 第3部分：生产技术规程

1. 范围

本部分规定了紫皮石斛的术语和定义、栽培方式、生产管理、病虫害防治、采收和加工、产品质量、净含量、抽样、检测规则、检测分类、组批规则、检测方法、判定规则、标签、标志、包装、贮运和保质期。

本部分适用于紫皮石斛的鲜品和干品的生产加工。

2. 规范性引用文件

下列文件对于本文件的应用是必不可少的。凡是注日期的引用文件，仅所注日期的版本适用于本文件。凡是不注日期的引用文件，其最新版本（包括所有的修改单）适用于本文件。

GB 4285 农药安全使用标准

GB 4789.3 食品安全国家标准 食品微生物学检验 大肠菌群计数

GB 4789.4 食品安全国家标准食品 微生物学检验 沙门氏菌检验

GB 4789.5 食品安全国家标准 食品微生物学检验 志贺氏菌检验

GB 4789.10 食品安全国家标准 食品微生物学检验 金黄色葡萄球菌检验

GB/T 4789.11 食品卫生微生物学检验 溶血性链球菌检验

GB/T 5009.11 食品中总砷及无机砷的测定

GB 5009.12 食品安全国家标准 食品中铅的测定

GB/T 5009.13 食品中铜的测定

GB/T 5009.15 食品中镉的测定

GB/T 5009.17 食品中总汞及有机汞的测定

GB/T 5009.19 食品中有机氯农药多组分残留量的测定

GB/T 5009.22 食品中黄曲霉毒素B_1的测定

GB/T 5009.102 植物性食品中辛硫磷农药残留量的测定

GB/T 5009.105 黄瓜中百菌清残留量的测定

GB/T 5009.110 植物性食品中氯氰菊酯、氰戊菊酯和溴氰菊酯残留量的测定

GB/T 5009.126 植物性食品中三唑酮残留量的测定

GB/T 5009.136 植物性食品中五氯硝基苯残留量的测定

符合DB53/T 290.1第4章的规定。

4.3.2   整地

对台地、坡地进行清理，修筑排水沟。

4.3.3   设施配置

配备遮阳网、喷雾和灌溉设施设备。

4.3.4   支架制作

按高80～120 cm，宽120 cm搭成支架，支架间距根据地势和原木的长短而定。

4.3.5   搭独横木

将不易脱皮、耐腐的直径10～20 cm圆木按20～30 cm的间距搭于支架上。

4.3.6   栽培时间

按4.1.2的规定。

4.3.7   种苗消毒

按4.1.3的规定

4.3.8   方法

按株距10～15 cm将种苗固定在圆木上面的两侧。

4.4   槽栽法

4.4.1   地块选择

符合DB53/T 290.1第4章的规定。

4.4.2   整地

按4.3.2的规定。

4.4.3   设施配置

按4.3.3的规定。

4.4.4   支架制作

按高80～120 cm，宽120 cm搭成支架，支架间距根据栽培槽的长短而定。

4.4.5   栽培槽制作

用厚2～2.5 cm的木板，做成上口宽20 cm，下口宽15 cm，高15 cm的梯形槽。

4.4.6   基质制作

用树皮、刨花、碎木片、绿肥等按一定配比制作，农家肥等有机肥不宜超过15%，1 m³基质配用8～12 kg钙镁磷肥。基质在使用前应充分堆捂发酵，堆捂发酵过程严防雨淋。

4.4.7   铺设基质

将基质铺在栽培槽内，厚5 cm。

4.4.8   栽培时间

按4.1.2的规定。

4.4.9　种苗消毒

按4.1.3的规定。

4.4.10　方法

按株距8～12 cm将种苗露出茎基固定在槽两内侧。

4.5　床栽法

4.5.1　地块选择

符合DB53/T 290.1第4章的规定。

4.5.2　整地

按4.3.2的规定。

4.5.3　设施配置

按4.3.3的规定。

4.5.4　支架制作

按高60～80 cm，宽120～140 cm搭成支架，长根据地势而定，支架间距为120～150 cm。

4.5.5　栽培床制作

将厚2～2.5 cm的木板等材料放置到架子上，做成宽120～140 cm，深10 cm的床，长根据地势而定。

4.5.6　基质制作

按4.4.6的规定。

4.5.7　铺设基质

将基质铺在栽培床内，厚5 cm。

4.5.8　栽培时间

按4.1.2的规定。

4.5.9　种苗消毒

按4.1.3的规定。

4.5.10　方法

按株距8～12 cm，行距20～25 cm将种苗露出茎基固定在栽培床上。

5. 生产管理

5.1　苗期

5.1.1　3～5月，宜用65%～85%的遮阳网遮光，适时喷雾浇水，除草。保持温度7～20℃，空气相对湿度65%～85%，基质含水量约30%。

5.1.2　追肥用N：P_2O_5：K_2O比例为14：14：14的控释肥，按75～125 g/m^2的使用量撒施或穴施1次。

5.1.3　叶面肥用N：P_2O_5：K_2O比例为32：6：13的高氮型水溶性肥800～1 000倍液和N：P_2O_5：K_2O比例为20：20：20的平衡型水溶性肥800～1 000倍液间隔10天交替喷施。

5.2　枝条伸长期

5.2.1　6～7月，用塑料薄膜搭成雨棚，防雨，排水，适时喷雾浇水，除草。保持温度15～25 ℃，空气相对湿度65%～85%，基质含水量约40%。

5.2.2　追肥用N：P_2O_5：K_2O比例为15：9：12的控释肥，按75～125 g/m^2的使用量撒施或穴施1次。

5.2.3　按5.1.3规定施叶面肥。

5.3　枝条膨大期

8～10月，追肥用N：P_2O_5：K_2O比例为11：11：18的控释肥按75～125 g/m^2的使用量撒施或穴施1次。叶面肥用N：P_2O_5：K_2O比例为17：10：33的高钾型水溶性肥800～1 000倍液和N：P_2O_5：K_2O比例为20：20：20的平衡型水溶性肥800～1 000倍液间隔10天交替喷施。每年9月起停止施肥。

5.4　采收期

防止冻害，适时除草，栽培至枝条自然老熟。

5.5　休眠期

1～2月，采收后，适时在栽培床上加盖草帘、稻草等材料，防止冻害，用有机肥料按250～375 g/m^2的使用量撒施或穴施1次。

6. 病虫害防治

6.1　坚持"预防为主、综合防治"的原则。以农业防治为基础，合理运用物理防治、生物防治，尽量减少化学防治。农药安全使用标准和农药合理使用准则按照GB 4285和GB/T 8321（所有部分）、NY/T 393的规定执行。

6.2　主要病害防治：参见附录A。

6.3　主要虫害防治：参见附录B。

7. 采收和加工

7.1　采收时间和方法

7.1.1　采收时间

宜在当年11～12月的晴天，枝条表皮无水珠时采收。

7.1.2　方法

7.1.2.1　全草采收：应包括根、茎、叶、花。

7.1.2.2　茎条采收：待叶片自然脱落、叶鞘变为银灰色后，采收当年生茎条（俗称为白条），于茎基部以上留1～2个带肉质的茎节处45°斜切采收。

7.2 鲜品验收与保存

采收后及时剔除病株，每把按2～3 kg捆扎，检测合格后方可验收。置于室内阴凉通风干燥处单层摆放，及时抹除膨大芽苞。

7.3 全草加工与保存

全草的加工按照《中药材生产质量管理规范（试行）》规定执行。

7.4 干品加工

7.4.1 干条加工

除杂、除根去叶、50～60 ℃中温烘干至含水率≤12.0%。

7.4.2 枫斗加工

7.4.2.1 造型干燥

将采收的鲜条除去杂物、剔出未落残叶、清洗后切成8～10 cm的段、50～60 ℃中温边烘焙除水软化边搓揉扭成螺旋状、用稻草秆或符合食品安全标准的棉纸条两次加箍定型、再次50～60 ℃中温干燥至表面金黄色、含水率≤12.0%。

7.4.2.2 抛光

将干燥后的枫斗毛料放入不锈钢抛光机中、打磨翻搅10 ～15分钟、取出枫斗毛料后置于洁净的器皿中、均匀喷洒酒精、2～3次喷烧、烧净叶鞘。抛光过程中应避免烧焦。

7.4.3 龙头凤尾的加工

选择长5～8 cm的全草、除去叶片、保留两根须根及完整的茎端，按7.4.2加工。

7.4.4 卫生要求

规模生产加工企业应符合GB 14881的规定。

8. 产品质量

8.1 鉴别

8.1.1 显微鉴别：参见附录C。

8.1.2 理化鉴别：参见附录D。

8.2 鲜品质量

8.2.1 合格鲜品分优等品、一级品、合格品三个等级，以综合控制条件和多糖确定。

8.2.2 综合控制条件达不到要求的为不合格鲜品，达到要求者以多糖指标分级。

8.2.3 综合控制条件为：生长健壮、无检疫对象病虫害、色泽正常，无机械损伤、感官指标合格、水分≤85.0%、多糖≥25.0%、安全性指标合格。

8.2.4 鲜品质量等级见表1。

表1 鲜品质量等级

项　目		鲜 品		
		优等品	一等品	合格品
感官指标	色泽	表面黄绿色，带紫斑点或条纹，老熟时叶鞘呈银灰色，有的间有褐色斑，节间裸露部分呈紫色		
	气味、滋味	略具青草香气，味淡，后微甜，嚼之初有黏滑感，具有浓厚粘、黏滞感		
	外观形态	有叶鞘，茎悬垂（幼茎或初生时为直立状），圆柱形，横断面圆形，不分枝，细长，具多节，节间膨出		
	杂质	无肉眼可见杂质		
理化指标	水分，% ≤	85.0		
	多糖（以无水葡萄计），% ≥	35.0	30.0	25.0
安全性指标	汞，mg/kg ≤	0.01		
	砷，mg/kg ≤	0.05		
	铅，mg/kg ≤	0.1		
	镉，mg/kg ≤	0.1		
	铜，mg/kg ≤	5.0		
	氯氰菊酯，mg/kg ≤	0.5		
	溴氰菊酯，mg/kg ≤	5		
	氯氟氰菊酯，mg/kg ≤	0.5		
	三唑酮，mg/kg ≤	0.1		
	多菌灵，mg/kg ≤	0.1		
	百菌清，mg/kg ≤	0.1		
	五氯硝基苯(PCNB)，mg/kg ≤	0.02		
	辛硫磷，mg/kg ≤	0.05		
	黄曲霉毒素B_1，μg/kg ≤	5		
	致病菌（沙门氏菌、志贺氏菌、金黄色葡萄球菌、溶血性链球菌）	不得检出		

注：其他安全性指标按国家有关规定执行。根据《中华人民共和国农药管理条例》规定，剧毒和高毒农药不得在初级农产品中使用

注：多糖以干基计

8.3 干品质量

8.3.1 合格干品分优等品、一级品、合格品三个等级，以综合控制条件和多糖确定。

8.3.2 综合控制条件达不到要求的为不合格干品，达到要求者以外观形态、多糖指标分级。

8.3.3 综合控制条件为：无检疫对象病虫害，未烧焦，色泽、气味滋味、杂质3个感官指标合格、水分≤12.0%、总灰分≤6.0%、酸不溶性灰分≤1.0%、浸出物≥18.0%、多糖≥25.0%、安全性指标合格。

8.3.4 干品质量等级见表2。

表2 干品质量等级

项 目		鲜 品		
		优等品	一等品	合格品
感官指标	色 泽	未抛光呈银灰色，抛光后呈金黄色		
	气味滋味	略具青草香气，味淡，后微甜，嚼之初具有黏滑感，继有浓厚黏滞感		
	外观形态	环绕紧密，颗粒均匀整齐，圆球形，最大直径0.6～0.8 cm	环绕紧密，颗粒整齐，多数为圆球形，少数为椭圆形，最大直径0.9～1.1 cm	环绕稍松，颗粒整齐，多数为椭圆形，少数为圆球形，最大直径1.2～1.3 cm
	杂 质	无肉眼可见杂质		
理化指标	水分，% ≤	12.0		
	总灰分，% ≤	6.0		
	酸不溶性灰分，% ≤	1.0		
	浸出物，% ≥	18.0		
	多糖（以无水葡萄糖计），% ≥	35.0	30.0	25.0
	汞，mg/kg ≤	0.05		
	砷，mg/kg ≤	0.25		
	铅，mg/kg ≤	0.5		
	镉，mg/kg ≤	0.5		

附件

171

项　目	鲜　品		
	优等品	一等品	合格品
安全性指标	铜，mg/kg　　　　　≤	20.0	
	氯氰菊酯，mg/kg　　　≤	0.5	
	溴氰菊酯，mg/kg　　　≤	5	
	氯氟氰菊酯，mg/kg　　≤	0.5	
	三唑酮，mg/kg　　　　≤	0.1	
	多菌灵，mg/kg　　　　≤	0.1	
	百菌清，mg/kg　　　　≤	0.1	
	五氯硝基苯(PCNB)，mg/kg　≤	0.02	
	辛硫磷，mg/kg　　　　≤	0.05	
	黄曲霉毒素B_1，μg/kg　　≤	5	
	大肠菌群，MPN/100 g　≤	300	
	致病菌（沙门氏菌、志贺氏菌、金黄色葡萄球菌、溶血性链球菌）	不得检出	

注：其他安全性指标按国家有关规定执行。根据《中华人民共和国农药管理条例》规定，剧毒和高毒农药不得在初级农产品中使用

注：多糖以干基计

9. 净含量

符合国家质量监督检验检疫总局75号令《定量包装商品计量监督管理办法》（2005版）的规定。

10. 抽样

按GB/T 8302规定执行，每份样品数量不低于500 g。

11. 检测规则

11.1 鲜品和干品成批检测。

11.2 检测工作应在鲜品采收和干品包装后进行。

11.3 水分、总灰分、酸不溶性灰分、浸出物四个指标检测试样制备按GB/T 8303规定执行。

11.4 综合控制条件是鲜品和干品检测的必达条件，多糖是鲜品质量等级检测的主检项目，外观形态和多糖是干品质量等级检测的主检项目。

11.5 鲜品和干品的多糖检测以干基计。

12. 检测分类

12.1 交收检测

每批产品交收前，加工生产单位都要进行交收检验。交收检验内容包括感官、标志和包装。检验合格并附合格证后方可验收。

12.2 型式检测

型式检验是对产品进行全面考核，即对本部分规定的全部要求进行检验。有下列情形之一者应进行型式检验：

（a）国家质量监督机构或行业主管部门提出型式检验要求时；

（b）因人为或自然因素使生产环境发生较大变化时；

（c）当原料、工艺有较大改变，可能影响产品质量时；

（d）产品停产半年以上，恢复生产时；

（e）出厂检验结果与上一次型式检验结果有较大出入时。

13. 组批规则

同一生产单位、同一品种、同一包装（或采收）日期的产品作为一个检验批次。

14. 检测方法

14.1 感官指标

采用目测、鼻嗅、口嚼方法进行。长度用精确度为1 mm的计量器具测量，直径用精确度为0.5 mm游标卡尺测量。

14.2 理化指标

14.2.1 水分：按GB/T 8304规定执行，鲜品应采用二次烘干法。

14.2.2 总灰分：按GB/T 8306规定执行。

14.2.3 酸不溶性灰分:按GB/T 8308规定执行。

14.2.4 浸出物：按GB/T 8305规定执行。

14.2.5 多糖:按本部分附录E规定的方法执行。

14.3 安全性指标

14.3.1 汞：按GB/T 5009.17规定执行。

14.3.2 砷：按GB/T 5009.11规定执行。

14.3.3 铅：按GB 5009.12规定执行。

14.3.4 镉：按GB/T 5009.15规定执行。

14.3.5 铜：按GB/T 5009.13 规定执行。

14.3.6 氯氰菊酯：按GB/T 5009.110、NY/T 761规定执行。

14.3.7 溴氰菊酯：按GB/T 5009.110规定执行。

14.3.8 氯氟氰菊酯：按GB/T 5009.146、NY/T 761规定执行。

14.3.9 三唑酮：按GB/T 5009.126规定执行。

14.3.10 多菌灵：按GB/T 23380、NY/T 1453、NY/T 1680规定执行。

14.3.11 百菌清：按GB/T 5009.105 NY/T 761、SN 0499规定执行。

14.3.12 五氯硝基苯(PCNB)：按GB/T 5009.136、GB/T 19648、NY/T 761规定执行。

14.3.13 辛硫磷：按GB/T 5009.102、GB/T 5009.145、GB/T 20769、NY/T 761规定执行。

14.3.14 黄曲霉毒素B_1：按GB/T 5009.22、SN 0339规定执行。

14.3.15 大肠菌群：按GB 4789.3规定执行。

14.3.16 致病菌：按GB 4789.4 、GB 4789.5 、GB 4789.10 、GB/T 4789.11规定执行。

14.4 净含量

按JJF 1070规定执行。

15. 判定规则

若各检测项目的结果均符合本标准表1、表2的指标要求，则判该批鲜品和干品为合格品；若检测结果不符合本标准各项指标要求的，允许对不合格项目（微生物指标除外）重新取样复检，复检后仍有不合格项，则判该批产品为不合格品。分级判定按照表1、表2的指标限值判定为优等品、一级品、合格品。

16. 标签、标志、包装、贮运

16.1 标签、标志

产品包装的标签标志应标明产品名称、规格、产地、净含量、采收日期（或包装日期）、生产日期、保质期、生产单位、生产地址、产品标准号，并附有质量合格的标志。

16.2 包装

采用的包装材料应符合食品安全包装材料要求。

16.3 贮运

产品的运输、贮藏应选择清洁、卫生、无污染、通风干燥、防潮的运输工具和场所。运输过程应防止雨淋、曝晒。严禁与其他有毒有害物混存混运。运输鲜品时应采取防冻措施，防止低温冻害造成腐烂。

17. 保质期

符合16.3条的规定时，干品保质期为60个月，鲜品保质期为6个月。

附 录 A
（资料性附录）主要病害防治

A.1 主要病害防治

主要病害防治见表A.1。

表A.1 主要病害防治

病 害	症 状	发病特点	防治方法
炭疽病	发病初期叶片是黄色小点，后扩大成2～5 mm的圆形病斑，边缘暗红色稍隆起，中央略凹陷、呈黄褐色，叶片病斑密集时，叶片枯焦死亡像火烧一样，主脉、叶柄、茎部的病斑呈梭形，中央略凹陷，甚至龟裂，呈黑褐色，故又称为黑斑病，病斑首先发生在底叶上，逐渐向上方叶片蔓延，病斑较大或较多时，叶片失绿脱落、茎秆倒折而死	病菌主要随病株或残余混入基质或肥料中越冬，病部产生的分生孢子，靠风雨传播引起再次侵染。炭疽病对温度的适宜范围较广，只要日平均温度在11 ℃以上，夜间最低温度不低于5 ℃此病均可发生，发病最适宜温度25～30 ℃，雨水对该病的发生和蔓延起决定性作用，分生孢子需雨水冲溅淋洗才能飞散传播，孢子落到石斛叶片表面后，又需水膜才能萌发侵入，因此，6～8月雨水较多，排水不良发病比较普遍	①选择优良种苗，保证苗床清洁无菌，加强管理，提高通风透光性，合理控制水分 ②及时摘除病残枝，集中销毁 ③发病初期用75%百菌清600倍液喷雾。发病较重的地块用12.5%腈菌唑800倍液或70%代森锰锌可湿性粉剂800倍液喷雾，每隔7～10天喷雾1次，连续喷雾2次
锈病	发病初期在叶片背面形成褪绿色黄斑，不久产生鲜红色或红褐色粉疱（即锈粉）似铁锈，故称铁锈病，锈状粉疱是夏孢子堆，粉疱破裂后散发出的锈粉是二次侵染的主要来源，叶片枯死脱落	锈病必须在叶片有水滴、水膜或空气湿度饱和的条件下才能萌发。因此，有雾、下雨都有利于锈病的发生，锈病发病的适宜温度为9～16 ℃，最低温度2 ℃，最高温度26～32 ℃。同时一般栽培区地势低洼、基质黏重、排水不良、氮肥偏施过多、叶片茂密旺盛，均有利于病菌的侵入和危害，发病较为严重	①周边不能种植玉米、小麦等禾本科作物，清除田间杂草 ②控施氮肥，增施磷肥、钾肥 ③发病初期或零星发病的地块应及时摘除病叶，用25%三唑酮1 000倍液逢病斑喷雾叶片正反面。发病严重或成片发生的地块用52.5%粉锈星600倍液或52.5%乙醚丹750倍液喷雾叶片正反面，每隔7～10天喷雾1次，连续喷雾2次

病 害	症 状	发病特点	防治方法
疫 病	茎叶均受害。危害叶片大多从叶尖或叶缘开始，产生水渍状斑点，在潮湿环境下迅速扩大，腐败变黑，造成落叶，病斑边缘无明显界限，雨后或有露水的早上，病斑边缘生出一圈浓霜状白霉，叶背特别显著，是鉴定疫病的重要特征。受害严重时，叶片如开水烫过，整片焦黑腐烂，发出特殊的腐败臭味，在晴燥天气，病斑干枯呈褐色，无白霉产生。此病可采用保湿培养法鉴定	疫病菌孢子在空气相对湿度85%以上，温度18～22 ℃时容易萌发，所以天气潮湿、多雨雾，最适宜病害的发生和流行，反之，气候干燥、雨水少、病害就不发生或很轻。生长中后期温度条件一般能满足发病要求，故雨湿对此病害的发生起决定性作用，通常地势低洼、排水不良、湿度过大、有利于病害发生、偏施氮肥，植株细长或基质瘠薄、营养不良、植株衰退，均会降低抗病力，容易招致疫病的发生	①加强管理，注意田间检查，发现零星病株应及时排除中心株，清除并更换基质，在病株四周消毒杀菌，有效隔离防治病害扩散 ②防雨，控制基质水分在30%以内 ③发病时可用50%甲霜锰锌600倍液、52.5%氟吡霜胺750倍液、50%扑海因1 000倍液混配均匀后喷雾，每隔5～7天喷淋1次，连续喷淋2次。发病较重的地块用48%多抗•代森锰锌750倍液、25%嘧菌酯1 500倍液、20%噻枯唑750倍液混配均匀后喷雾，每隔5～7天喷淋1次，连续喷淋2次
枯尖病	一般从心叶开始发病，发病初期叶尖上出现黄色小斑点，后期病斑密集成片，心叶枯萎腐烂，并有刺鼻腥味	田间气温在15～17 ℃以上开始发病，25～28 ℃为发病盛期，潜育期短，病菌侵入至症状表现只需3天左右，超过30 ℃的连续高温不利于发病，本病发生所需要的湿度条件是接近或达到饱和程度，叶面上出现一层水膜，则有利于病菌脓扩散和病菌浸入，故本病在气温25 ℃以上，雨日多，雨量大就适于病害的发生与流行	①浇水时避免洒入心叶，防止心叶积水 ②控制氮肥的使用量和使用次数，适当增施磷肥、钾肥，叶面喷施高钾氨基酸肥
细菌性软腐病	软腐病是一种植株维管束组织细菌性病害。典型的症状是由于茎维管束组织受到破坏而使植株萎蔫，而根沿维管束发生腐烂。植株受害后，一般表现生长迟缓，茎秆矮缩，瘦弱，叶片变小，严重时表现矮缩，茎秆变为黄褐色。植株茎秆水浸状溃腐，从茎上端往下端腐烂，最后造成全株死亡，幼苗生长期尤为突出	发病适宜温度18～24 ℃之间，当温度超过30 ℃时，病害发生受到抑制	①做好消毒处理工作，防止病菌传染 ②用1 600万单位农用链霉素1 800倍液或2 000万单位农用链霉素3 000倍液喷雾，每隔5～7天喷雾1次，连续喷雾2～3次

附件

177

龙陵紫皮石斛

附件

病 害	症 状	发病特点	防治方法
根腐病、茎腐病	生长前期感染，在植株茎基部出现湿润状黄褐色，后为黑褐色的病斑，并腐烂伴有异味。生长中后期感染根、茎表皮变褐色，主根粗短或细长、侧根少、茎根维管束变深褐色，发病前期表现植株矮小、黄化，叶片由下而上逐渐变黄。干枯脱落，根、茎变褐，腐烂，终至全株枯死	病菌主要随病残株在基质上越冬，病菌主要是靠田间雨水流散。其次借风雨或田间操作传播。病菌接触植株后，主要从伤口侵入，也可以从表皮直接侵入。本病的发生轻重与气候条件有关，如遇大雨后大晴或连续降雨，本病往往发生较重。再次，种植密度过大、氮肥过重、叶片肥厚、通风透光性不良，也是造成根腐、茎腐的主要原因之一	①栽培时选用无病斑、无破损的健康植株，严格剔除变色、霉烂和破伤的种苗 ②合理密植、加强管理，增施的有机肥要经充分腐熟达到无害化卫生标准的有机肥，忌施用未腐熟或带菌肥料 ③收获时，必须选择晴天收获，剪口不能破损，以减少病菌传染，并及时用3%多抗霉素750倍液、5%氨基酸寡糖素750倍液混配均匀后喷雾，对伤口进行消毒杀菌，使之快速愈合 ④加强管理，注意田间检查，发现零星病株应及时排除中心株，清除并更换基质，在病株四周消毒杀菌，有效隔离防治病害扩散。同时，用拱棚遮雨，避免基质湿度过大，并且做到地面沟无积水 ⑤用1 600万单位农用链霉素1 800倍液、50%甲霜锰锌600倍液混配均匀后喷淋根茎，每隔5～7天喷淋1次，连续喷淋2次
霜霉病（又称灰霉病、煤污病）	发病时整个植株叶片表面覆盖一层煤烟灰样黑色粉末状物质，严重影响叶片的光合作用，造成植株发育不良	此病菌产生和萌发的适宜温度10℃左右，侵入的最适温度为16 ℃左右，侵入后病害发育要求很高的温湿度，所以高温干旱不利于病害的发生和蔓延，而低温多湿，适宜霜霉病的侵入，温暖多湿则适宜病菌的发育。同时施氮肥过多，苗床滤水性差、基层深厚板结，会导致发病严重。主要由蚜虫、蚧壳虫、螨类、粉虱类等害虫传播危害	①清除病源，防治蚜虫、蚧壳虫、螨类、粉虱类等害虫 ②用50%乙霉·多菌灵1 000倍液喷雾叶片正反面，每隔5～7天喷雾1次，连续喷雾2次

病　害	症　状	发病特点	防治方法
爆发性叶枯病	该病在新植株和宿根植株地块均会发生，病菌首先侵染幼嫩叶片，叶尖变为赤红色，病斑和正常叶片分界明显，一旦病菌感染，扩散速度迅速，中期整株叶片变为赤红色，后期变为黄色，最终叶片脱落，茎干枯而死	昼夜温差大的地块发生严重。首先，白天温度28～30℃，而夜间温度2℃以下，此病就会大发生。其次，爆发性叶枯病主要是营养失调所引起，严重缺钾、缺磷的地块易发生。再次，基质过酸的地区（pH值在5.5以下）也会大面积发生	①增施有机肥，提高基质有机质含量，改变其pH值在5.5以上呈微酸性，补充施用磷肥、钾肥 ②发病地块需及时控水晒床，缩小昼夜温差，提高通风透光性 ③用3％细腐净750倍液、75％百菌清750倍液、氨基酸500倍液混配均匀后喷雾叶片正反面，每隔7～10天喷雾1次，连续喷雾2次
细菌性软腐病	软腐病是一种植株维管束组织细菌性病害。典型的症状是由于茎维管束组织受到破坏而使植株萎蔫，而根沿维管束发生腐烂。植株受害后，一般表现生长迟缓，茎秆矮缩，瘦弱，叶片变小，严重时表现矮缩，茎秆变为黄褐色。植株茎秆水浸状溃腐，从茎上端往下端腐烂，最后造成全株死亡，幼苗生长期尤为突出	发病适宜温度18～24℃，当温度超过30℃时，病害发生受到抑制	①做好消毒处理工作，防止病菌传染 ②用1 600万单位农用链霉素1 800倍液或2 000万单位农用链霉素3 000倍液喷雾，每隔5～7天喷雾1次，连续喷雾2～3次
病毒病	发病从新叶开始，叶脉变黄白色呈透明状，新叶上出现针头半透明的小点，逐渐发展成近圆形黄斑或枯斑，在阳光照射下，斑点清晰可见形成花叶，严重时，叶边缘两侧收缩，形成叶片皱缩	病毒病与蚜虫均受外界环境影响，如气温较高，日照延长，病毒在植株体内的潜育期短，发病就严重，相反温度降低，日照缩短，则潜育期延长，病害受到抑制，蚜虫在温暖干燥的环境条件下繁殖快，相应地加速了病毒的传染，因此，如遇温暖干燥的气候条件，病情加剧	①加强栽培管理，发现病株及时拔除，集中销毁 ②彻底治蚜。用黄色的粘板插于园内诱杀或用氨基酸寡糖素1 000倍液、25％抗蚜威1 800倍液混配均匀后喷雾叶片正反面，每隔5～7天喷雾1次，连续喷雾2次

附件

附　录　B
（资料性附录）主要虫害防治

B.1　主要虫害防治
主要病害防治见表B.1。

表B.1　主要虫害防治

虫　害	危害特征	防治方法
蚜　虫	危害植株的茎叶，分泌黏性物质，并黏覆灰尘粉粒在茎叶上，影响光合作用，使植物生长、发育不良，不发苗，严重时植物不生长，茎叶萎蔫。并诱发霜霉病（又称灰霉病、煤污病）、病毒病	用黄色的黏板插于园内诱杀
金龟子（幼虫为蛴螬）	5～8月，特别是5月后为金龟子繁殖期，咬食植株的根、茎、叶，成虫危害植株的茎、叶，幼虫危害植株的根	①在栽培地周围树木、草地喷洒杀虫剂进行防治 ②用黑光灯或烧火诱杀 ③用新鲜牛粪、青草、食用醋混配均匀后放入盘中置于床面上诱杀
蚧壳虫	附着在茎干或叶片背面，吸取汁液，使叶片枯萎，严重时整个植株枯黄死亡	清除病株销毁，虫口密度小时，可手工用毛巾或毛刷除去
螟　虫	称钻心虫，钻入嫩茎内吸食茎汁，使叶片枯萎，茎条停止生长，严重时整株死亡	①建园时彻底清除虫源 ②发现受害植株，剪去茎的受害部分 ③用黑光灯诱杀成虫 ④人工摘除卵块
蜗牛、蛞蝓	在植株整个生长期都可危害，常咬食嫩叶、茎尖，形成孔洞、缺刻，严重时会咬断幼茎	①用50%辛硫磷乳油0.5 kg、鲜草或菜叶50 kg混配均匀拌湿后放入盘中置于浇湿的床面上诱杀 ②在栽培槽、床和栽培棚周围撒石灰、灶灰，防止蜗牛和蛞蝓爬入危害 ③提倡养鸡灭虫法，减少虫源 ④集中捕杀法，每隔5 m浇湿1 m²，用5%四聚乙醛10～20 g混配均匀后放入盘中置于浇湿的床面上诱杀

虫　害	危害特征	防治方法
红蜘蛛	附着在叶片背面，吸取汁液，导致叶片失绿、枯萎，严重时整株失绿死亡	按1：10的重量比例把干柑橘皮浸泡入水中，24小时后喷雾
夜蛾类	幼虫咬食幼芽、叶片，导致植株死亡或长势衰退	①用黑光灯诱杀成虫 ②用3%苦参碱生物农药1 000倍液喷雾
根结线虫	咬食植株根尖或根基部，导致组织坏死，出现瘤状，直至植株死亡	用3%苦参碱生物农药1 000倍液喷雾
地老虎	咬食幼芽、叶片，导致植株死亡或长势衰退	①3～5月成虫羽化高峰期进行黑光灯诱杀 ②用炒香的麦麸、红糖、醋、敌百虫混配均匀后，放入盘中置于床面上或地上诱杀

龙陵紫皮石斛

附　件

附 录 C
（资料性附录）显微鉴别

C.1 显微鉴别

C.1.1 本品茎的横切面

表皮细胞1列，细胞类方形，呈波状排列，外被厚的角质层。基本薄壁组织细胞大小不一，类圆形或不规则形。胞壁弯曲，有大型黏液细胞散在，内含草酸钙针晶束。维管束散列，外韧型，韧皮部狭小，外侧有纤维束，周围细胞中常有硅质体（块）分布，数量1～3～4不等，导管3～5个，直径大小不等，木化。薄壁细胞中含硅质块、淀粉粒和柱晶，偶见方晶。

C.1.2 本品粉末

灰绿色或灰黄色。导管多为碎片，以螺纹导管为多，亦可见梯纹、网纹、螺纹，直径10～40 μm。可见针晶成束或散在，长度40～60 μm。木薄壁细胞类方形，多面行，表面具角质线纹。网纹细胞大，多为椭圆形，圆形纹孔明显，直径可达55 μm。淀粉粒较小多单粒，类圆形，椭圆形脐点，点状短缝状，少复粒，由2～3粒组成，直径3～15 μm。

注：资料来源于《云南省中药材标准（第七册）》中的《齿瓣石斛》（云YNZYC—0329—2010）。

附 录 D
（资料性附录）理化鉴别

D.1 理化鉴别

取本品粉末2 g，加90%乙醇50 mL，加热回流提取3小时，滤过，滤液蒸干，残渣加水10 mL使溶解，用稀盐酸调pH至2，用三氯甲烷萃取2次，每次15 mL，合并三氯甲烷液，蒸干，残渣加甲醇3 mL使溶解，作为供试品溶液。另取紫皮石斛对照药材2 g，同法制成对照药材溶液。照《中国药典》（2010版）一部附录Ⅵ B《薄层色谱法》试验，吸取上述两种溶液各5 μL，分别点于同一硅胶G薄层板上，以石油醚（60～90 ℃）：丙酮（8：1）（乙酸蒸气饱和）为展开剂，展开，取出，晾干，喷以5%三氯化铁乙醇溶液，在105 ℃加热至斑点显色清晰。供试品色谱中，在与对照药材色谱相应的位置上，显相同颜色的斑点。

注：资料来源于《云南省中药材标准（第七册）》中的《齿瓣石斛》（云YNZYC—0329—2010）。

附　录　E
（规范性附录）多糖测定

E.1　原理

　　紫皮石斛含有的可溶性糖主要是指能溶于水及乙醇的单糖和寡聚糖。苯酚法测定可溶性糖的原理是：糖在浓硫酸作用下，脱水生成的糠醛或羟甲基糠醛能与苯酚缩合成一种橙红色化合物，在10～100 mg范围内其颜色深浅与糖的含量成正比，且在488 nm波长下有最大吸收峰，故可用比色法在此波长下测定。苯酚法可用于甲基化的糖、戊糖和多聚糖的测定，方法简单，灵敏度高，实验时基本不受蛋白质存在的影响，并且产生的颜色稳定160分钟以上。

E.2　试剂

　　E.2.1　5％苯酚水溶液：现配现用。

　　E.2.2　浓硫酸（比重1.84）。

　　E.2.3　葡萄糖标准溶液的制备：取无水葡萄糖对照品适量，精密称定，加水制成每1 mL含90 μg无水葡萄糖的溶液，即得。

E.3　仪器

　　E.3.1　分光光度计

　　E.3.2　电炉

　　E.3.3　铝锅

　　E.3.4　20 mL刻度试管

　　E.3.5　刻度吸管

　　E.3.6　记号笔

　　E.3.7　吸水纸适量

E.4　操作方法

　　E.4.1　标准曲线制作

　　取25 mL刻度比色管6支，从0～5分别编号，按表E.1加入溶液和水，然后按顺序向试管内加入1.0 mL 5 ％苯酚溶液，摇匀，再加入5.0 mL浓硫酸，摇匀。在沸水浴中恒温放置20分钟，取出，置于冰浴中冷却5分钟。然后以空白为参比，在488 nm波长下测吸光度，以浓度为横坐标，吸光度为纵坐标，绘制标准曲线。标准曲线的试剂量见表E.1。

表E.1　标准曲线的试剂量

试　剂	管　号					
	0	1	2	3	4	5
90 μg/mL 葡萄糖标准溶液（mL）	0	0.2	0.4	0.6	0.8	1.0
蒸馏水（mL）	1.0	0.8	0.6	0.4	0.2	0.0
葡萄糖量（μg）	0	18	36	54	72	90

E.4.2　多糖的提取

把紫皮石斛鲜品烘干、粉碎或干品粉碎后，取紫皮石斛粉末（过三号筛），准确称取0.3 g，加水200 mL，加热回流2小时，放冷，转移至250 mL容量瓶中，用少量水分次洗涤容器，洗液并入同一容量瓶中，加水至刻度，摇匀，过滤，准确移取2 mL滤液置于15 mL离心管中，准确加入无水乙醇10 mL，摇匀，冷藏1小时，取出，离心（转速为4 000 转/分钟）20分钟，弃去上清液，沉淀加80%乙醇洗涤2次，每次8 mL，离心，弃去上清液，沉淀加热水溶解，转移至25 mL容量瓶中，放冷，加水至刻度，摇匀。

E.4.3　测定

吸取1.0 mL样品液于比色管中，同制作标准曲线的步骤，按顺序分别加入5％苯酚溶液和浓硫酸溶液，自"精密加入5％苯酚溶液1 mL"起，显色并测定吸光度。由标准线性方程求出葡萄糖的量，按下式计算测试样品中葡萄糖含量。

E.5　计算

$$X = \frac{A \times V \times 100}{m \times M \times V_1 \times 10^6}$$

按下式计算测试样品的多糖含量：

X—多糖含量（%）

A—测定用样液中葡萄糖的质量(μg)

m—样品质量（g）

V—样品处理液体积（mL）

V_1—测定用样品液体积（mL）

M—干物质含量

注：本品按干基计算，含多糖以无水葡萄糖（$C_6H_{12}O_6$）计。

ICS 65.020.20

B 05

中华人民共和国国家质量监督
检验检疫总局备案号：42262–2014

DB53

云 南 省 地 方 标 准

DB 53/T 589—2014

地理标志产品 龙陵紫皮石斛

2014-04-30发布

2014-07-01实施

云南省质量技术监督局 发 布

前　　言

本标准按照GB/T 1.1—2009《标准化工作导则 第1部分：标准的结构和编写》给出的规则起草。

本标准由龙陵县人民政府提出。

本标准由云南省林业标准化技术委员会（YNTCO2）归口。

本标准起草单位：龙陵县质量技术监督局、保山市质量技术监督综合检测中心、龙陵县林业局、龙陵县石斛协会、龙陵县石斛研究所、龙陵县龙斛生物科技有限公司、龙陵县兴龙石斛专业合作联合社。

本标准主要起草人：张学文、梅丽宝、张有林、刘家保、刘勇、张绍龙、杨宏俊、赵菊润、张志恒、段兴恩、饶万保、张艳华、张家宝。

龙陵紫皮石斛

附件

地理标志产品 龙陵紫皮石斛

1. 范围

本标准规定了龙陵紫皮石斛地理标志产品的术语和定义、保护范围、栽培环境、栽培管理、采收和加工、产品质量、检测规则、标签、标志、包装、贮运和保质期。

本标准适用于龙陵紫皮石斛地理标志产品。

2. 规范性引用文件

下列文件对于本文件的应用是必不可少的。凡是注日期的引用文件，仅所注日期的版本适用于本文件。凡是不注日期的引用文件，其最新版本（包括所有的修改单）适用于本文件。

GB/T 191 包装储运图示标志

GB 3095 环境空气质量标准

GB 5084 农田灌溉水质标准

GB 7718 食品安全国家标准 预包装食品标签通则

GB/T 8302 茶 取样

GB/T 8303 茶 磨碎试样的制备及其干物质含量测定

GB/T 8304 茶 水分测定

GB/T 8305 茶 水浸出物测定

GB/T 8306 茶 总灰分测定

GB/T 8308 茶 酸不溶性灰分

GB 14881 食品安全国家标准 食品生产通用卫生规范

GB 15618 土壤环境质量标准

DB53/T 290.2 紫皮石斛 第2部分：种苗培育

DB53/T 290.3 紫皮石斛 第3部分：生产技术规程

3. 术语和定义

DB53/T 290.2和DB53/T 290.3确立的以及下列术语和定义适用于本文件。

3.1 龙陵紫皮石斛

在龙陵紫皮石斛地理标志产品保护范围内生产的齿瓣石斛（*Dendrobium devonianum* Paxt.）产品。

3.2 切片

厚度≤2 mm的片状产品。

3.3 精粉

细度≥100目的超细粉末产品。

4. 保护范围

限于国家质量监督检验检疫总局2013年第190号公告批准的产地范围，见附录A。

5. 栽培环境

产地范围内海拔1 200～2 400 m；年平均空气相对湿度65%～85%；年平均气温14～20 ℃，极端最高气温＜32 ℃，极端最低气温＞-2 ℃，无霜期200～300天；年平均降雨量1 000 mm以上；年日照时数＞1 800小时；环境空气质量符合GB 3095的二级标准；用水质量符合GB 5084的规定；土壤（基质）环境质量符合GB 15618的二级标准。

6. 栽培管理

6.1 基质

用树皮、锯木屑等材质按一定配比制作，农家肥等有机肥不宜超过15%，pH值6.5～7.0，有机质含量≥10%，含水量30%～40%，使用前充分堆捂发酵并用高锰酸钾1 000倍液进行消毒杀菌，堆捂发酵过程严防雨淋。

6.2 育苗

按DB53/T 290.2规定。组培繁殖的原球茎继代控制在6～8代，不定芽继代控制在4～6代。

6.3 栽培

栽培方式按DB53/T 290.3规定，设施栽培密度为50～80株/m²。

6.4 田间管理

6.4.1 苗期

3～5月，保持温度7～20 ℃，荫蔽度65%～85%。适时喷雾浇水，基质含水量约30%，空气相对湿度≥65%。适时除草，宜按500～1 000 g/m²的使用量撒施或穴施腐熟有机肥一次。

6.4.2 生长期

6～10月，保持温度15～25 ℃，荫蔽度65%～85%。防雨，排水，适时喷雾浇水，基质含水量约40%，空气相对湿度≥65%。适时除草，宜按500～1 500 g/m²的使用量撒施或穴施腐熟有机肥二次。

附件

189

干品	感官指标	色泽	枫斗和干条未抛光呈银灰色，抛光后呈黄绿色、暗红色或金黄色		
		气味、滋味	略具青草香气，味淡，后微甜，嚼之初有黏滑感，继有浓厚黏滞感		
		杂质	无肉眼可见杂质		
	理化指标	枫斗最大直径	≤8 mm	≤11 mm	≤13 mm
		枫斗条长	≤10 cm		
		切片厚度	≤2 mm		
		精粉细度	≥100目		
		水分，% ≤	12.0		
		总灰分，% ≤	6.0		
		酸不溶性灰分，% ≤	1.0		
		水浸出物，% ≥	30.0		
		多糖（以葡萄糖计），% ≥	40.0	35.0	30.0
	安全性指标		按DB53/T 290.3规定		

9. 检测规则

9.1 组批

同一品种、同一生产单位、同一包装（或采收）日期的产品作为一个检验批次。鲜品每个检验批次≤20 000 kg，干品每个检验批次≤5 000 kg。

9.2 抽样

按GB/T 8302规定，鲜品每份样品数量≥500 g，干品每份样品数量≥200 g。

9.3 制样

水分、总灰分、酸不溶性灰分、水浸出物、多糖以及安全性指标检测的制样按GB/T 8303规定。

9.4 检测分类

9.4.1 交收检验

产品交收前，应经生产单位按本标准规定逐批检验并签发检验合格证。交收检验项目为：感官指标、理化指标、标签标志和包装。

9.4.2　型式检验

型式检验项目为本标准规定的全部项目，正常生产情况下，每半年进行一次，有下列情况之一时，也应进行型式检验：

（a）新产品试制鉴定时；

（b）原料、工艺有较大改变，可能影响产品质量时；

（c）停产半年以上，恢复生产时；

（d）出厂检验结果与上次型式检验有较大差异时；

（e）国家质量监督机构或行业主管部门提出型式检验要求时。

9.5　检测方法

9.5.1　感官检测

采用目测、鼻嗅、口嚼方法进行。

9.5.2　理化检测

9.5.2.1　长度用精确度为1 mm的计量器具测量。

9.5.2.2　直径和厚度用精确度为0.5 mm游标卡尺测量。

9.5.2.3　细度从混匀样品中称取试样50.0 g，放入接好筛底的100目筛中，盖好筛盖，顺时针水平转动100圈，再逆时针水平转动100圈后。打开筛盖察看筛上是否有残留样品，筛上残留样品低于0.1 g忽略不计。

9.5.2.4　水分：按GB/T 8304规定执行，鲜品应采用二次烘干法。

9.5.2.5　总灰分：按GB/T 8306规定。

9.5.2.6　酸不溶性灰分: 按GB/T 8308规定。

9.5.2.7　水浸出物：按GB/T 8305规定。

9.5.2.8　多糖: 按DB53/T 290.3规定。

9.5.3　安全性检测

按DB53/T 290.3规定。

9.6　判定规则

若各检测项目的结果均符合本标准表1的指标要求，则判该批鲜品和干品为合格品；若检测结果不符合本标准各项指标要求的，允许对不合格项目（微生物指标除外）重新取样复检，复检后仍有不合格项，则判该批产品为不合格品。分级判定按照表1的指标限值判定为优等品、一等品、合格品。

10. 标签、标志、包装、贮运和保质期

10.1　标签、标志

鲜品的标签标志应标明产品名称、规格、产地、包装时净含量、采收日期（或包装日期）、保质期、生产单位、生产地址、产品标准号，并附有质量合格的标志。干品的标签标志按GB7718规定。储运图示应符合GB/T 191的规定。出口产品按进口国要求或相关标准的要求。

10.2　包装

采用的包装材料应符合食品安全包装材料要求。

10.3　贮运

产品的运输、贮藏应选择清洁、卫生、无污染、通风干燥、防潮的运输工具和场所。运输过程应防止雨淋、曝晒。严禁与其他有毒有害物混存混运。运输鲜品时应采取防冻措施，防止低温冻害造成腐烂。

10.4　保质期

符合本标准10.3条的规定时，干品保质期为60个月，鲜品保质期为6个月。

附 录 A

（规范性附录）龙陵紫皮石斛地理标志产品保护范围

图A.1和表A.1给出了龙陵紫皮石斛地理标志产品保护范围。

图A.1 龙陵紫皮石斛地理标志产品保护范围图

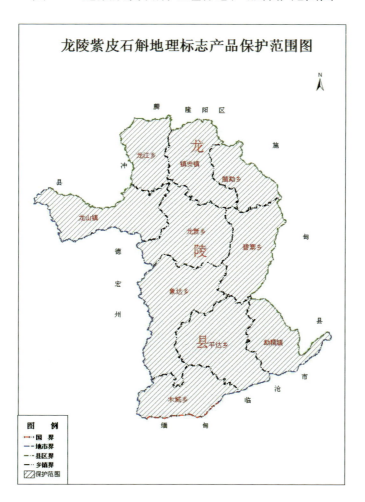

注：龙陵紫皮石斛地理标志产品保护范围为图中标注的龙山镇、镇安镇、龙新乡、龙江乡、腊勐乡、碧寨乡、象达乡、平达乡、勐糯镇、木城乡10个乡（镇）所辖121个村（社区）中栽培环境符合本标准第五章要求的区域。（详见表A.1）

表A.1　龙陵紫皮石斛地理标志产品保护行政区划

乡（镇）	村（社区）
龙山镇	18个村（社区）：龙山社区、白塔社区、龙华社区、云山社区、赧场社区、大坪子社区、香柏河社区、河头社区、尹兆场社区、麦地社区、白家寨村、杨梅山村、横山村、新下寨村、董华村、核桃坪村、户孔村、芒麦村
镇安镇	19个村（社区）：镇安社区、八〇八社区、镇南社区、大坝社区、镇北社区、小田坝社区、回欢社区、邦迈社区、邦别社区、淘金河村、镇东村、官岑村、大水沟村、芒告村、正平村、镇宝村、竹箐村、岭干村、户帕村
龙新乡	11个村（社区）：黄草坝社区、勐冒社区、绕廊社区、龙新社区、蚌渺社区、大硝河村、雪山村、菜子地村、黑山村、荆竹坪村、茄子山村
龙江乡	15个村（社区）：勐柳社区、弄岗社区、赧等社区、硝塘社区、帮焕村、大汉坝村、三台山村、上龙村、弄玲村、弄福村、大新寨村、勐外坝村、蕨叶坝村、新寨村、邦明村
腊勐乡	10个村（社区）：腊勐社区、大垭口社区、白泥塘社区、松山村、长岭岗村、中岭岗村、新和村、沙子坡村、长箐村、大龙村
碧寨乡	12个村（社区）：梨树坪社区、摆达社区、天宁社区、碧寨村、滥坝寨村、中寨村、杨梅田村、麦子坪村、三家村村、坡头村、半坡村、新林村
象达乡	15个村（社区）：象达社区、营坡社区、坝头社区、赧洒社区、甘寨社区、棠梨坪社区、朝阳社区、帕掌河社区、邦工村、大场村、芹菜塘村、坡头田村、迤沙寨村、小米地村、勐蚌村
平达乡	10个村（社区）：平达社区、平安社区、河尾社区、下小田坝村、黄连河村、安乐村、安庆村、章赛村、橄榄寨村、小河村
勐糯镇	6个村（社区）：勐糯社区、大寨社区、海头社区、田坡社区、沟心寨村、丛岗村
木城乡	5个村（社区）：木城社区、鱼塘垭口社区、花椒村、老满坡村、乌木寨村

龙陵石斛大事记

1952年，龙陵县贸易公司开始在全县范围内设点收购农副产品，其中黄草是收购的重点药材之一。

1980年，吉占和等在《中国石斛属的初步研究》中报道，将齿瓣石斛作黄草石斛药用。

1981年，金良民、金民富等浙江客商开始到龙陵收购野生石斛鲜条。

1985年，龙陵县中药材资源普查共有药用植物378种，常用中草药168种，石斛是其中之一。

1986年，龙陵县河头村饶家村民小组社员饶万保在家边的树上仿野生种植紫皮石斛500 m²，开创了人工种植紫皮石斛的先例。

2001年，包雪声、顺庆生等在《中国药用石斛彩色图谱》中报道，紫皮枫斗在市场上销售始于20世纪80年代初。

2001年，杨鸿志在龙陵注册第一个石斛公司"龙陵县黄莲河资源开发有限责任公司"。

2003年3月，段兴恩创建"龙陵县天然石斛种植示范基地"，开创了龙陵紫皮石斛人工集约化种植先例。

2008年7月28日，龙陵县石斛协会成立。

2008年8月，申请将齿瓣石斛龙陵居群定名为"龙陵紫皮石斛"。

2009年1月，组建了第一个石斛专业合作社"龙陵县富民石斛专业合作社"。

2009年，龙陵县人民政府委托云南中医学院对龙陵紫皮石斛进行系统研究。

2009年10月1日，《紫皮石斛》云南省地方标准颁布实施，2012年对该标准重新修订，新标准于2013年7月1日颁布实施。

2010年9月，龙陵县农广校与龙陵县富民石斛专业合作社共同组织52人，为期一个月的石斛枫斗师资班培训，参训学员获得了中华人民共和国人力资源和社会保障部颁发《中草药生产管理员》职业资格证书。

2010年11月3日，云南省委副书记、省长秦光荣到龙陵调研石斛产业，要求加大科研力度，延伸产业链条，做强做优深加工，提升产品附加值。

2010年12月，龙陵县石斛协会获中国科协、财政部"全国科普惠农兴村"先进单位。

2011年7月，"齿瓣石斛"载入《云南省中药材标准》2005年版第七册。

2011年7月5日，龙陵县林业局与上海中医药大学签订"紫皮石斛的质量标准研究"合同。

2011年10月28日，龙陵县石斛协会成功注册"龙陵紫皮石斛"国家地理标志证明商标。

2011年11月17～19日，龙陵县成功举办第五届中国石斛产业发展论坛，并被中国中药协会授予"中国紫皮石斛之乡"称号。

2011年11月 顺庆生教授发表《中药石斛的新资源——齿瓣石斛（紫皮）》一文，显示紫皮石斛作为一种新资源在市场上具有广阔前景。

2012年1月9日，龙陵县石斛研究所成立。

2012年2月，龙陵县取得云南省林木品种审定委员会紫皮石斛"龙紫1号"林木良种证。

2012年2月，龙陵县被云南省科技厅、云南省食品药品监督管理局认定为"云药之乡"。

2012年3月15日，龙陵县人民政府办公室出台《龙陵县石斛产业发展规划（2012～2016年）》。

2012年4月15日，"龙陵紫皮石斛"完成国家农业部农产品地理标志登记。

2012年4月27日，段兴恩成功注册"石斛鲜条温室催芽繁殖方法"发明专利，扦插育苗技术在全县推广。

2012年6月，龙陵县人民政府通过招商引资引进"云南极斛生物科技有限公司"，8月，该公司同时注册了"云南品斛堂生物科技有限公司"，为龙陵县石斛产业的龙头企业。

2012年8月15日，中共龙陵县委、龙陵县人民政府聘请浙江省医学科学院张治国教授为龙陵县石斛产业发展顾问，聘期3年。

2013年3月28日，中共龙陵县委、龙陵县人民政府印发了《关于加快石斛产业发展的意见》。

2013年10月30日，龙陵县林业局与上海中医药大学签订"龙陵紫皮石斛评价与应用开发研究"合同。

2013年11月20日，申请注册"龙陵县兴龙石斛专业联合社"。

2013年11月25日，龙陵县人民政府与中国农科院农产品加工研究所签订"龙陵紫皮石斛应用开发研究"合同。

2013年12月，龙陵县取得云南省林业厅园艺植物新品种注册登记办公室认定的紫皮石斛"龙紫1号"新品种证。

2013年12月3日，龙陵县富民石斛专业合作社创建"龙陵石斛服务中心"，石斛交易市场开业。

2013年12月31日，国家质检总局发布公告，批准对"龙陵紫皮石斛"地理标志产品保护。

2014年1月19日，举办"龙陵紫皮石斛"北京推介会，并被中国药文化研究会授予"中国滋养文化示范基地"称号。

2014年6月9日，龙陵县富民石斛专业合作社成立"龙陵县益民职业培训学校"。

2014年7月1日，《地理标准产品 龙陵紫皮石斛》云南省地方标准颁布实施。

2014年9月10日，龙陵县石斛研究所委托云南品斛堂生物科技有限公司进行"新食品原料'紫皮石斛'研发，双方共同向国家卫计委申报将"紫皮石斛"列入国家新食品原料。

2014年12月，龙陵县人民政府通过招商引资与上海药材公司签订协议，直供紫皮石斛鲜条和枫斗。

2014年12月，由龙陵县石斛研究所创办的《龙陵石斛》连续性内部刊物刊发。

2014年12月18日，龙陵县石斛研究所向云南省委组织部、省人社厅申报的《云南省李凡专家基层科研工作站》获批，并启动工作。

2015年2月6日，龙陵县石斛研究所、龙陵县林业局等四家单位共同申报的《紫皮石斛仿生栽培关键技术与产品开发》项目成果获云南省科技进步三等奖。

2015年3月，国家质检总局正式批准龙陵县创建"全国石斛产业知名品牌示范区"。

2015年5月13日，龙陵县石斛研究所承建的"中国·龙陵石斛种质资源保护研究中心"建设规划通过专家评审，并启动建设。

2016年5月16日，云南省委书记陈豪（时任省长）到龙陵调研石斛产业。

2016年5月20日，龙陵县石斛研究所和云南中医学院共同申报的紫皮枫斗、紫皮石斛切片、紫皮石斛粉、紫皮石斛干条饮片标准通过云南省食品药品监督管理局组织的专家评审。

2016年9月6日，云南品斛堂生物科技有限公司获得了云南省食品药品监督管理局批准的"药品生产许可证"。

后 记

　　近年来，野生铁皮石斛、霍山米斛等许多石斛种已十分稀少，濒临灭绝，龙陵始终保持着一定数量的野生紫皮石斛种群，为当地人工产业化发展提供了优质原生种源。在中国中药协会石斛专业委员会的推动下，经过10年的产业化发展，龙陵已成为"中国紫皮石斛之乡"，在众多石斛产地独树一帜，对全国石斛行业具有典型示范作用。

　　2011年10月28日，"龙陵紫皮石斛"获得国家商标局批准的地理标志证明商标；2012年4月15日，龙陵紫皮石斛完成农业部农产品地理标志登记；2013年12月31日，国家质检总局发布公告，批准对"龙陵紫皮石斛"地理标志产品保护；2014年7月1日，《地理标志产品　龙陵紫皮石斛》云南省地方标准颁布实施。这些品牌的落实，标志着龙陵紫皮石斛从政策层面得到保护。

　　龙陵紫皮石斛产业既有蹒跚起步的困惑，也有渐行渐稳的坚定；既有长期探索的艰辛，也有快速成长的喜悦；既有价格触底的教训，也有回归理性的感悟。一路走来，坎坷曲折而又充满希望，形成了科研、种植、加工、销售、市场为一体的产业格局。能有今天的成就，得益于几届县委县政府持续抓产业的决心，得益于全县干部群众的努力，也离不开科研院所专家的参与和石斛专业委员会的支持。龙陵县从中总结了大量宝贵的经验和成果，为系统整理这些产业发展史，作者及其团队历时两年多的时间收集整理，承载着龙陵石斛产业十年成就的《龙陵紫皮石斛》一书，终于在第十届石斛论坛期间出版并与读者见面。

　　《龙陵紫皮石斛》的编写、出版得到杨明志、魏刚、顺庆生等专家的大力协助，也包含龙陵县石斛研究所和富民石斛专业合作社全体同仁的辛苦努力，本书吸收了龙陵县多部门石斛栽培技术和培训教材的精华，并收录了顺庆生教授、魏刚研究员团队的石斛考证、形态解剖以及特征图谱等研究成果，上海中医药大学王峥涛教授团队对紫皮石斛质量标准的研究报道，以及浙江省医学科学院吴月国老师研究团队对紫皮石斛亚慢性毒性试验研究成果，还一并参考了其他学者对紫皮石斛的成分、药理、安全性等文献报道编著而成，龙陵县摄影协会提供了精美的紫皮石斛及龙陵县环境照片，在此一并致以衷心的感谢！并感谢所有关心支持龙陵石斛产业发展的社会各界人士，感谢为本书的出版提供帮助和支持的朋友。

　　本书出版旨在起抛砖引玉作用，因涉及内容多，尚有许多不足，望广大读者给予批评指正。龙陵紫皮石斛产业的健康、可持续发展需要更多人参与，欢迎社会各界给予龙陵紫皮石斛产业更多关心、关注和支持，我们相信龙陵紫皮石斛明天会更好！

编著者

2016年12月